Beck-Wirtschaftsberater

Unternehmensethik in der Praxis

dtv

Beck-Wirtschaftsberater

Unternehmensethik in der Praxis

Vorgaben und Richtlinien sinnvoll und zielführend umsetzen

von Prof. Dr. Christian-Rainer Weisbach
und Dr. Petra Sonne-Neubacher,
mit einem Beitrag von Sven Sonne

Deutscher Taschenbuch Verlag

Im Internet:

dtv.de

beck.de

Originalausgabe
Deutscher Taschenbuch Verlag GmbH & Co. KG,
Friedrichstraße 1a, 80801 München

Druck und Bindung: Druckerei C. H. Beck, Nördlingen
(Adresse der Druckerei: Wilhelmstraße 9, 80801 München)
Satz: ottomedien, Darmstadt
Umschlaggestaltung: Agentur 42 (Fuhr & Partner), Mainz
ISBN 978-3-423-50922-0 (dtv)
ISBN 978-3-406-58736-8 (C. H. Beck)

9 783406 587368

Vorwort

Ein Unternehmen in ethischem Sinne zu lenken, war noch nie einfach. Immerhin ist man dabei als Unternehmer oder Manager auf die aktive Mitwirkung aller Mitarbeiter des Unternehmens angewiesen.

Die Gesetzgeber rund um den Globus haben in der jüngeren Vergangenheit zahlreiche neue Gesetze und Verordnungen herausgegeben, um die Unternehmen dazu zu bringen, durchgängig ethischen Forderungen zu entsprechen und wirksame Steuerungsmechanismen einzurichten. Das hat die Lage noch weiter kompliziert.

Aus unserer täglichen Erfahrung, sei es bei der aktiven Mitarbeit in Projekten, sei es beim Coaching von Führungskräften, kennen wir die Fragen, die in der täglichen betrieblichen Praxis auftauchen können.

Unser Ziel bei der Zusammenstellung der Inhalte dieses Buches war es, Möglichkeiten aufzuzeigen, wie man Ethik, Compliance und Governance leben kann, ohne ständig mit der Trillerpfeife in der Hand herumzulaufen.

Wir haben uns gefragt, was dieses Buch enthalten muss, damit Sie am Ende sagen: „Das hat sich wirklich gelohnt. Gut dass ich mir dafür die Zeit genommen habe." Ob uns das gelungen ist, können allein Sie selbst feststellen. Über Ihre Reaktionen würden wir uns sehr freuen.

Tübingen und Frankfurt,
im Mai 2009

Christian-Rainer Weisbach
& Petra Sonne-Neubacher

www.iwuf.de
christian-rainer.weisbach@uni-tuebingen.de

www.son-ne.de
psn@son-ne.de

Inhaltsverzeichnis

1. Vertrauen und der eigene Nutzen

Sie haben dieses Buch zur Hand genommen, weil Sie sich – sei es aus beruflichem oder aus persönlichem Interesse – eingehender mit dem Thema **Unternehmensethik** beschäftigen möchten.

Einen Überblick darüber zu gewinnen, wird Ihnen vermutlich gleichzeitig leicht und schwer fallen, denn das Thema hat sich in den vergangenen Jahren zu einer Art Mode entwickelt. Die Anzahl der Publikationen, die aus verschiedenen Blickwinkeln die entsprechenden Fragestellungen betrachten, wächst daher ständig. In den meisten Fällen wird sich darin bei der Darstellung und Argumentation auf die großen Skandale und Unternehmenszusammenbrüche der jüngeren Vergangenheit, auf die Bestechungs- und Steueraffären und auf die Fälle von „kreativer Buchführung" auf Konzernebene bezogen. Diese Ereignisse haben nicht nur dem Ansehen der gesamten Wirtschaft in der Öffentlichkeit nachhaltig geschadet. Sie haben auch direkt beeinflusst, wie Unternehmen heute geführt und wie sie kontrolliert werden. Corporate Governance, Compliance, aber auch Corporate Social Responsibility gehören heute zum Standardrepertoire ethischer Unternehmensführung, ohne dass so unbedingt klar wäre, was genau darunter zu verstehen ist und wo Sinn und Nutzen im Einzelnen liegen mögen. Sie sind Ausdruck des Versuchs von Seiten des Staates ebenso wie von Seiten der Wirtschaft selbst, das Vertrauen in die Integrität der Unternehmen wiederherzustellen.

Wie angeschlagen dieses Vertrauen ist, können Sie wahrscheinlich direkt an sich selbst feststellen. Sei es, dass Sie als Manager oder Unternehmer selbst mit dem wachsenden **Misstrauen** konfrontiert sind und sich nicht nur in Ihrer Rolle, sondern letztlich auch als Person infrage gestellt sehen in einer Art kollektiver Vorverurteilung. Sei es, dass Sie sich als Mitarbeiter eines Unternehmens erstaunt die Augen reiben, wenn hohe Gewinne bekannt gegeben werden, während auf Ihrer Ebene Personalkürzungen an der Tagesordnung sind – aus Gründen der Kostenreduktion. Oder sei es, dass Sie als Verbraucher immer häufiger an der Qualität von Produkten zweifeln und Ihnen klar wird, dass sie deren Herkunft, Inhaltsstoffe und Ähnliches nicht kontrollieren können.

Trotzdem kann man sich fragen, ob spektakuläre Betrugsfälle wirklich alles sind, worum es beim Thema Unternehmensethik gehen kann. Sicher sind Gesetzesverstöße eine besondere Herausforderung. Ähnlich wie nach der Veröffentlichung der PISA-Studie umgehend und ohne nähere Betrachtung von Ursachen und Hintergründen Rufe nach mehr Strenge und Disziplin und harter Arbeit laut wurden, so ist auch die Reaktion auf Skandale im Firmenumfeld meist ein Mehr an Kontrolle und Restriktionen. Eigentlich Selbstverständliches wie die Einhaltung gesetzlicher Bestimmungen wird gepredigt, bis die Mitarbeiter vor Gähnen kaum noch die Augen offen halten können. Über den Grad des Erfolges, den diese Programme haben, werden wir sicher in den kommenden Jahren mehr erfahren. Zweifel an der tiefer gehenden Verinnerlichung als Teil der Unternehmenskultur scheinen jedoch angebracht, und viele Verantwortliche klagen darüber, dass die Regeln einen ähnlichen Umsetzungserfolg haben wie im Straßenverkehr die Schilder mit Geschwindigkeitsbeschränkungen.

Nun stellt sich die Frage, was man tun kann, um eine Unternehmensethik tatsächlich in der **täglichen Praxis** zu verankern, und das möglichst auch noch ohne eine Vielzahl an komplexen Einzelregelungen und Kontrollmechanismen. Wie lässt sich erreichen, dass die Mitarbeiter von sich aus das gewünschte Verhalten an den Tag legen und sich auch noch gut dabei fühlen?

Eine Gemeinschaft gilt dann als stabil, wenn sie so organisiert ist, dass jeder Einzelne das für sich will, was auch der Gemeinschaft dient, die ihn trägt und erhält. Die meisten der in den Unternehmen eingeführten Systeme berücksichtigen aber den Mitarbeiter als Individuum mit eigenen Wünschen, eigenen Zielen und eigenen Wertvorstellungen nicht.

Vielleicht haben Sie, bevor Sie weiterlesen, Spaß daran, sich einmal mit der folgenden Frage zu beschäftigen:

Worin liegen aus Ihrer persönlichen Sicht die Vorteile moralisch einwandfreien wirtschaftlichen Handelns?

In der Diskussion dieser Frage tauchen in der Regel die beiden folgenden Argumente auf:

(1) Persönliches moralisches Handeln bedeutet, dass ich meinem Spiegelbild noch in die Augen sehen kann.

(2) Moralisches Handeln ist die Grundlage von Vertrauen, und Wirtschaft funktioniert nur auf einer soliden Vertrauensbasis.

Darin zeigt sich der enge Zusammenhang zwischen individuellen und unternehmerischen Gesichtspunkten. Im Folgenden wollen wir auf diese beiden Argumente näher eingehen.

Das erste Argument betrifft das eigene Empfinden. Unser Selbstwertgefühl hängt wesentlich damit zusammen, dass wir unsere inneren Überzeugungen im täglichen Leben verwirklichen und uns mit unseren Handlungen identifizieren können. Wer gegen seine persönlichen Wertvorstellungen handelt, der leidet, und der Spruch „Ein rein' Gewissen ist ein gutes Ruhekissen" hat durchaus seine Berechtigung. Vielleicht fallen Ihnen dazu spontan Beispiele aus Ihrem eigenen Erfahrungsbereich ein. Und die meisten kennen wohl Situationen, in denen sie sich aus unterschiedlichsten Gründen entschieden haben, etwas gegen ihre innere Überzeugung zu tun. Bewusst oder unbewusst rechnet man sich diese Fälle als persönliches Versagen an und allein die Tatsache, dass man die Situation noch sehr lebendig in Erinnerung hat und oft aus dem Stegreif die Argumente aufführen kann, die damals zu der Entscheidung geführt haben, zeigt, wie sehr einen das berührt.

Das Gefühl der persönlichen Niederlage speist sich dabei vorwiegend daraus, dass man sich in seiner Entscheidung nicht frei gefühlt hat. Wer aus freien Stücken eine moralisch fragwürdige oder sogar illegale Tat begeht, fühlt sich meist sehr viel besser damit als jemand, der sich durch die Umstände dazu genötigt sieht. Man hat im offenen oder verdeckten Zweikampf den Kürzeren gezogen gegen den eigenen Vorgesetzten, gegen „das System" oder gegen empfundene oder tatsächliche Erwartungen des Unternehmens. Viele verspüren einen starken Druck auf sich selbst, gegen ihre eigenen Überzeugungen zu handeln. Dies speist sich ursächlich aus der Sorge um den wirtschaftlichen Erfolg des Unternehmens. Dabei können die folgenden Punkte eine Rolle spielen:

- Ehrliche Unternehmen befürchten Probleme, wenn ihre Konkurrenten auf der Basis anderer Werte oder sogar unehrlich handelnden.
- Die Unternehmenssteuerung sieht heute eine Reihe von Mechanismen vor, die dafür sorgen sollen, dass strategische Vorgaben

auch im Arbeitsalltag umgesetzt werden. Dazu gehören vor allem die Systeme zur Vereinbarung persönlicher Leistungs- und Erfolgsziele mit daran geknüpften Bonus- und Gehaltszahlungen.

Der Klient in dem folgenden Beispiel, einem Ausschnitt aus einem Coaching-Gespräch, arbeitet als Vertriebsleiter Osteuropa bei einem großen internationalen Unternehmen.

[…]

Klient: Wissen Sie, wenn ich so überlege, warum meine Karriere so zum Stillstand gekommen ist, dann denke ich immer, eigentlich habe ich es auch nicht anders verdient.

Coach: Sie sehen das als eine Art Strafe.

Klient: Meinen Sie? Naja … hm …

Coach: (*schweigt*)

Klient: … so kann man es natürlich auch betrachten.

Coach: Der Gedanke kommt Ihnen ein wenig abwegig vor.

Klient: Nein, eigentlich nicht. Je mehr ich drüber nachdenke … Ja, da ist was dran.

Coach: Das heißt, es gibt etwas, für das Sie das aus Ihrer Sicht verdient haben.

Klient: Ach, wissen Sie. Eigentlich sollte ich das wohl gar nicht … Also, ich hab ja schon mal angedeutet, wie es in meinem Bereich zugeht. Eigentlich kann man sagen, in den letzten Jahren ist da ohne Bestechung nicht viel gelaufen.

Coach: Daraus schließe ich jetzt: auch in Ihrem Bereich.

Klient: O Mann, eigentlich darf ich das gar nicht so laut sagen, aber: ja.

Coach: Und das hat jetzt Einfluss auf Ihre Karriere.

Klient: Wissen Sie … (*schweigt*), im Grunde fühle ich mich deswegen total beschissen. So wollte ich nie werden.

Coach: (*nickt*) Und jetzt ist es ganz anders gekommen.

Klient: Ich hab immer gedacht, ehrlich währt am längsten und so. Und dann sind die Vorgaben von Jahr zu Jahr gestiegen. Total unrealistisch war das. Und ist es noch. Und am Anfang hab ich noch mit meinem Chef geredet und hab gesagt, das macht überhaupt keinen Sinn, diese Zielvorgaben. Das ist nicht zu machen.

Coach: Sie sagen „am Anfang"…

Klient: Ja, ich hab's irgendwann aufgegeben. Er hat alle meine Argumente weggewischt und sich stur gestellt. Will er nicht wissen. Will er nichts von hören.

Coach: Und das hat sie resignieren lassen.

Klient: Stimmt. Ich hab ihm halt nichts mehr erzählt (*senkt den Kopf*). Wissen Sie, wir hatten damals gerade gebaut. Unsere Tochter war zehn Monate alt. Und irgendwie hatte ich nicht die Kraft, da aufzustehen und zu sagen: „Mit mir nicht!". Ich hab gedacht, ich mach das moderat, und so schlimm ist es ja nicht, weil es ja alle machen. Dann tut's ja keinem weh, irgendwie.

Coach: Sie haben Ihre Situation als Zwangslage empfunden.

Klient: Ja. Den Job zu verlieren war damals einfach nicht drin. Hab ich mir jedenfalls eingeredet. Aber (*seufzt tief*) ...

Coach: Für mich klingt das so, als gäbe es da noch eine andere Seite.

Klient: Naja, klar. Im Nachhinein denke ich, natürlich hätt' man sauber bleiben können, wenn man gewollt hätte. Hätte ich eben die Ziele nicht erreicht. Mein Gehalt stand ja fest, es wär also nur um den Bonus gegangen.

Coach: Sie machen sich gerade klar, mit welchen Konsequenzen Sie hätten wirklich rechnen müssen.

Klient: Ja, das ist es, was ich daran so schlimm finde. Ich habe ja freiwillig mitgemacht und mich damit herausgeredet, dass es schließlich eine Arbeitsanweisung sei.

Coach: Und jetzt merken Sie, dass Sie sich etwas vorgemacht haben.

Klient: (*nach längerem Schweigen*) Irgendwie schäme ich mich.

Coach: Sie haben das Gefühl, Sie haben etwas ganz Wichtiges verraten, etwas, das Sie ausmacht und Ihr Selbst bestimmt.

Klient: Ja, das ist es, was mich schon lange quält. Das klingt jetzt wahrscheinlich fürchterlich altmodisch, aber da kommt mir das Wort „Ehrgefühl" in den Sinn. Ich muss unweigerlich an meinen Vater und an meinen Onkel denken, für die war ein Ehrenwort wirklich noch bindend.

Coach: Und das galt lange Zeit auch für Sie.

Klient: Richtig, aber irgendwann, ohne dass ich das so richtig bemerkt hätte, ist meine Vorstellung von Anstand und Ehre verloren gegangen. Ich gebe zu, dass ist jetzt eine schrecklich altbackene Wortwahl, aber wir haben ja in unserer Sprache keine anderen Wörter.

Coach: Ich schlage gerade einmal den Bogen zum Anfang. Der Verrat Ihrer tiefsten Überzeugungen erscheint Ihnen so ungeheuerlich, dass Sie den Eindruck haben, das muss bestraft werden.

Klient: So habe ich mir das noch nicht überlegt. (*denkt nach*) Aber das stimmt schon. Wenn ich daran denke, wie ich innerlich auf die letzten Entscheidungen meines Chefs reagiert habe, dann wird mir ganz heiß und kalt.

Coach: Mit anderen Worten: Nach außen lassen Sie sich nichts anmerken.

Klient: (*Lacht gequält*) Natürlich nicht! Ich bin ja nicht lebensmüde und gehe in die offene Konfrontation. Aber wenn der ganze Laden gegen die Wand fährt, dann atme ich vermutlich erleichtert auf.

Coach: Vor Ihrem Auge spielt sich so ein Horrorszenario ab, bei dem im schlimmsten Fall alle untergehen, aber dabei siegt irgendwie die Gerechtigkeit.

Klient: Ich gestehe, dass ich mir das bis heute noch nie so klar gemacht habe. Schon verrückt. Ich benehme mich gerade so, als ob alles dem Untergang geweiht sei. Soweit ist es schon mit mir gekommen.

Coach: Und jetzt bemerken Sie gerade, dass es auch andere Möglichkeiten gibt und Sie Handlungsoptionen haben, die Sie in Übereinstimmung mit Ihren Werten und ihrer innersten Überzeugung bringen.

Dieses Beispiel ist beileibe kein Einzelfall, und möglicherweise kennen Sie ähnlich gelagerte Probleme aus dem eigenen Unternehmensalltag. Inzwischen hat man allerdings erkannt, dass nicht nur das Selbstwertgefühl, sondern auch die Motivation der Mitarbeiter erheblich darunter leiden, wenn sie sich auf moralischem Gebiet unter Druck gesetzt fühlen, gleichgültig, ob dieser Druck tatsächlich vorhanden ist oder nicht. Denn auch der Einzelne hat heute andere Vorstellungen als noch vor wenigen Jahren. Während lange das Gehalt, die Position und materieller Wohlstand die persönlichen Lebensziele bestimmten, ist es inzwischen nicht mehr nur eine Minderheit, die sich auf Sinnsuche begeben hat und sich selbst fragt: Wofür will ich eigentlich leben?

In diesem Zusammenhang sei noch einmal an die folgende Aussage erinnert:

> Eine Gemeinschaft gilt dann als stabil, wenn jeder Einzelne will, was auch der Gemeinschaft dient. Dazu gehört, Menschen als Individuen mit eigenen Wünschen, Zielen und Wertvorstellungen zu berücksichtigen.

An diesem Coaching-Beispiel lässt sich aber noch etwas anderes erkennen: Ein Unternehmen, das seine Mitarbeiter zu ethisch einwandfreiem Handeln bewegen will, tut gut daran, einmal kritisch zu prüfen, wieweit der Aberglaube, dass Effizienzsteigerung um jeden Preis und damit Unehrlichkeit nun einmal notwendig sei, Teil der Unternehmenskultur ist. Sollte das der Fall sein, so werden die offiziellen Verlautbarungen des Unternehmens von den Mitarbeitern zwar registriert, aber nicht als handlungsleitend wahrgenommen.

Als zweites Argument wird oft der bereits angesprochene Vertrauensverlust ins Feld geführt, wenn es um die Notwendigkeit von Unternehmenswerten, Ethikrichtlinien und Ähnlichem geht. In den Unternehmen hat inzwischen ein Umdenken eingesetzt. Nach einigen Jahren, in denen Finanzkennzahlen für viele der alleinige Maßstab für Erfolg waren, besinnt man sich – nicht immer ganz freiwillig, sondern durch spürbare negative Auswirkungen gezwungen.

Vertrauen kann als einer der grundlegenden Werte aller Gesellschaften und Gemeinschaften angesehen werden. Es gibt wohl kaum jemanden, der dem nicht zustimmen würde. Wirtschaft als große, heute sogar globale Lebensgemeinschaft funktioniert ebenfalls nach den Regeln des Gemeinwohls. Wird missachtet, was die Basis des Vertrauens sein sollte, verlieren viele Mechanismen ihre Gültigkeit und die Wirtschaft „zerbricht".

Dabei ist die Frage des Vertrauens durchaus keine abstrakte, sondern findet sich ganz konkret in den einzelnen Vereinbarungen. Nehmen Sie einmal den simplen Fall eines Rohrbruchs. Der Kunde vereinbart mit dem Klempner einen Termin – möglichst bald natürlich, denn ohne fließendes Wasser wird das moderne Leben rasch ungemütlich – und geht vertrauensvoll davon aus, dass dieser Termin eingehalten wird. In der Regel wird das der Fall sein. Vielleicht kennen Sie aber aus eigener Erfahrung auch Tage, in denen Sie sich extra den Vormittag freigenommen haben, weil ja der Klempner um neun kommt, selbiger dann aber erst kurz nach halb eins vor der Tür steht, und das noch ohne die bereits besprochenen notwendigen Ersatzteile und ohne irgendwie erkennbare Anzeichen von Reue oder schlechtem Gewissen. Neben dem momentanen Ärger wird ein solches Verhalten auch direkte Auswirkungen auf Ihr Vertrauen haben, beispielsweise in weitere Zusagen, aber – dazu mehr in Kapitel 9 – auch auf ganz andere Punkte wie die Korrektheit der Abrechnung. Wenn Sie die Wahl haben, werden Sie beim nächsten Mal mit hoher Wahrscheinlichkeit auf ein anderes Unternehmen zurückgreifen.

Aber auch andersherum gilt die Vertrauensbasis. Immerhin ist der Handwerker in der Regel bereit, den Rohrbruch zu reparieren und Arbeitszeit und Material dafür einzusetzen, alles in dem guten Glauben daran, dass Sie innerhalb der gegebenen Frist Ihre Rechnung begleichen. Und es gibt mehr als einen Handwerksbetrieb, dem nicht etwa Mangel an Aufträgen oder schlechte Leistungen das Ende bereitet haben, sondern fehlende Liquidität durch hohe Außenstände.

In der Soziobiologie geht man davon aus, dass Lebewesen egoistisch handeln. Wobei egoistisch an dieser Stelle zunächst nicht wertend gemeint ist, sondern im Sinne von *Charles Darwin*, der den Ausdruck vom „Egoismus der Gene“ geprägt hat.

Es soll damit ausgedrückt werden, dass diejenigen Verhaltensweisen bevorzugt werden, die dem Individuum als Vertreter seiner Art die größte Chance auf Überleben sichern. Für den Menschen haben dabei **kooperative Verhaltensweisen** offenbar deutliche Vorteile, anders als für Einzelgänger wie Bären oder Tiger, die sich größtenteils allein durchs Leben schlagen. Entwicklungsgeschichtlich wird dies mit der relativen Schwäche des einzelnen Menschen begründet, relativ im Vergleich zu den damaligen Beutetieren und Fressfeinden, aber auch relativ im Umgang mit widrigen Umweltbedingungen. Die anfängliche steinzeitliche Jagdgemeinschaft hat sich im Laufe der Jahrtausende bis heute zu einem komplexen Zusammenspiel entwickelt. Der Vorteil, damals wie heute, besteht darin, dass die Mitglieder einer Gemeinschaft wechselseitig füreinander einstehen. Nichts anderes meinte *Aristoteles*, wenn er den Menschen als ein zoon politikon, ein Gemeinschaftswesen bezeichnet.

Auf diesem Vorteil der **Kooperation** basiert unsere gesamte soziale Ordnung – von der Familie über Dorfgemeinschaften bis hin zu Staaten. Auch die Wirtschaft funktioniert nach diesem Prinzip. Wenn Sie sich einmal kurz vor Augen führen, woher die Versorgungsgüter Ihres eigenen Lebens stammen – Milch gibt es im Supermarkt, Wasser kommt aus der Leitung und Strom sprichwörtlich aus der Steckdose – und welche Anstrengungen notwendig wären, um die eigene Versorgung wieder komplett selbst zu übernehmen, wird dies schnell klar. Lange Zeit wurde uns glauben gemacht, dass sich in der Natur alles um Fressen und Gefressen-Werden drehe und stets der Stärkere siege. Überspitzt formuliert lautete die Begründung für eine derartige Rücksichtslosigkeit: Weil Kooperation und soziales Engagement gelernt werden müssten, liege dies nicht in unserer Natur. Die Befürworter dieses rigorosen Egoismus übersehen dabei, dass das Lernen selbst in der menschlichen Natur liegt. Denn wer will ernsthaft behaupten, dass Sprechen nicht in unserer Natur liege, nur weil wir es erst lernen müssen?

Kooperation aber kann nur auf der Basis von Vertrauen funktionieren, und umgekehrt lässt Kooperation, die über einen Zeitraum erfolgreich bleibt, Vertrauen wachsen, während ein Regelverstoß, also die Verletzung der Prinzipen von Solidarität und Gegenseitigkeit, Vertrauen schwinden lässt. So enthält jedes Regelsystem zugleich eine Verknüpfung mit Strafen bei Nichtbefolgung. Im Falle der katholischen Kirche droht bei schweren Sünden die ewige Verdammnis, der Staat ahndet Gesetzesverstöße mit entsprechenden Geld-, Gefängnis oder – in Deutschland heute undenkbar, aber auch noch nicht so lange her – gar mit der Todesstrafe. Interessanterweise hält das durchaus nicht alle Menschen davon ab, gegen die gemeinschaftlich gesetzten Regeln zu verstoßen.

Kooperation bringt für den einzelnen Menschen Vorteile.
Die Basis dafür bildet gegenseitiges Vertrauen.

Eng verknüpft mit dieser Thematik ist auch die Kernfrage des Themas Unternehmensethik, nämlich die Frage nach den zugrunde liegenden **Werten**, denen sich das 3. Kapitel widmen wird. Werte, oder auch anders ausgedrückt, Tugenden leiten das Handeln sowohl einzelner Menschen als auch von Organisationen. Leider und zum Glück ist dieser innere Richtungsgeber bei jedem Menschen unterschiedlich eingestellt. *Zum Glück*, weil eben diese Gegensätze eine fruchtbare Auseinandersetzung und Weiterentwicklung ermöglichen und vor allzu stromlinienförmigem Handeln schützen, *leider* aus der Sicht von Organisationen betrachtet, die erreichen möchten, dass sich möglichst alle einzelnen Mitglieder auch an den Wertvorstellungen der Gemeinschaft, der sie angehören, orientieren.

Dabei kann man feststellen, dass dieses Thema, das zunächst so unkompliziert wirkt, sich schon an relativ einfachen Fragen als sehr facettenreich erweist.

Vielleicht haben Sie Lust, für sich selbst einmal die folgenden Beispiele durchzuspielen, bevor Sie weiterlesen. Möglicherweise wird Ihnen der eine oder andere Fall wenig realistisch vorkommen. Darauf kommt es zunächst nicht an.

Situation	**Was tun Sie?**
Sie finden auf der Straße ein Fünfzigcentstück.	
Sie finden auf der Straße einen Fünfzigeuroschein.	
Sie beobachten, wie jemand auf der Straße ein Fünfzigcentstück verliert.	
Sie beobachten, wie jemand auf der Straße einen Zehneuroschein verliert.	
Sie finden beim Spaziergang einen Koffer voller Bargeld.	
An der Kasse gibt Ihnen die Kassiererin versehentlich zwanzig Cent zu viel heraus.	
An der Kasse gibt Ihnen die Kassiererin versehentlich zehn Euro zu viel heraus.	

An dieser Reihe von Beispielsituationen lässt sich beobachten, an welchen Stellen man sich leicht entscheiden kann und wo die Schwierigkeiten beginnen. Wenn Sie Ihre Lösung mit den Entscheidungen anderer vergleichen, werden Sie feststellen können, dass jeder Einzelne eine persönliche, fein gezogene Grenze dafür besitzt, wie viel Mühe er sich seine Werte, hier im Beispiel die Ehrlichkeit, kosten lässt und wo in Wahrheit seine Prioritäten liegen. Selbstverständlich wird in einer allgemeinen Diskussion so ziemlich jeder zustimmen, wenn es heißt, dass ein ehrlicher Finder zurückgibt, was er gefunden hat. Aber wenn die Betrachtung differenzierter wird – *einzelnes kleines Geldstück/Geldschein/Bündel von Banknoten/Koffer voller Geld oder auch anonym/ich sehe, wer es verliert/Geldbörse mit Ausweis etc. des Besitzers* – treten sofort deutliche Unterschiede zutage.

Interessant ist auch, den jeweiligen Diskussionen zu folgen, wenn die Übung in einer Gruppe durchgeführt wird. So wird in der Frage des zu viel erhaltenen Wechselgeldes an der Kasse abgewägt: Das Verhalten ändert sich mit dem Glauben daran, ob die Kassiererin das Geld später aus eigener Tasche ersetzen muss und ob man sie für „selbst schuld“ hält.

Es wird Ihnen vermutlich schwerfallen, jemanden in unserer Gesellschaft zu finden, für den Ehrlichkeit nicht einen Wert an sich darstellt. Sogar in kriminellen Kreisen gilt die „Ganovenehre“ als Maßstab dafür, ob man mit jemandem (dann allerdings illegale) Geschäfte macht. Allerdings kann unter dem Begriff Ehrlichkeit viel verstanden werden und die einzelnen Auffassungen über das nach dem Prinzip der Ehrlichkeit richtige und korrekte Verhalten können weit auseinandergehen. Deutlich erkennbar wird dies an den Schwierigkeiten, denen sich ein Unternehmen gegenüber sieht, das seine Mitarbeiter auf einen solchen Wert verpflichten möchte.

Den Fallbeispielen aus der Übung liegt übrigens eine konkrete Erfahrung zugrunde. Ein befreundeter Unternehmer beklagte sich einmal bei mir über einen langen Nachmittag, den er zusammen mit seinem achtjährigen Sohn auf dem Fundbüro verbracht hatte, um einen Zehneuroschein abzugeben, den sein Sohn gefunden hatte. Ich zeigte mich zunächst sehr erstaunt und deutete an, ich hätte das Geld schlicht und einfach behalten. In der nachfolgenden Diskussion musste ich dann allerdings lernen, dass das ein durchaus fragwürdiges Verhalten gewesen wäre. Das Recht auf den Zehneuroschein hätte ich tatsächlich erst durch ordnungsgemäßes Abgeben und anschließendes Warten erworben. Erst wenn sich nach der vorgegebenen Frist niemand als Eigentümer meldet (und derjenige das nachweisen kann), geht das Eigentum an dem Fund an den Finder über. Nun mag man einwenden, dass die Wahrscheinlichkeit, dass jemand, der einen Zehneuroschein verliert, auf dem Fundbüro danach fragt, doch recht gering sein dürfte und man also sich und den Damen und Herren vom Fundbüro Zeit und Mühe spart. Diese Argumentation bedeutet aber, dass man sich a) sehenden Auges über die gültige Regel hinwegsetzt und b) der Problematik auch noch Vorschub leistet. Denn fragt man andersherum, ob man selbst nach dem verlorenen Geld gefragt hätte, kommt garantiert die Antwort: „Wozu? Wer würde schon einen so kleinen Betrag im Fundbüro abgeben?“.

Interessant ist auch, wie Menschen normalerweise lernen, was sie mit den einzelnen Werten verbinden. Die wenigsten machen sich ja ständig bewusst, warum und nach welchen Regeln sie handeln. Vielmehr empfinden sie ihre Entscheidungen als so selbstverständlich, dass nicht selten auf Unglauben und Empörung stößt, wer sie mit anderen Sichtweisen konfrontiert. An erster Stelle ist dort wie überall in der Erziehung das Beispiel anderer zu nennen. Dieses Beispiel muss aber gar nicht aus dem wirklichen Leben stammen. Auch in Büchern und Filmen wird als richtig empfundenes Verhalten

dargestellt. Im Falle der Ehrlichkeit häufig unter dem Tenor „Unrecht Gut gedeihet nicht“. Das Geld in dem Koffer in dem etwas weiter hergeholten Beispiel aus der Übung gehört dann im Film der Drogenmafia, die sich sofort an die Fersen des unehrlichen Finders heftet.

In den folgenden Kapiteln werden Sie unterschiedliche Aspekte wirtschaftsethischen Handelns kennenlernen. Dabei wollen wir die Zusammenhänge innerhalb des Unternehmens beleuchten, aber auch die Rolle, die dem einzelnen Mitarbeiter dabei zukommt. Ziel ist es, darzustellen, wie man jenseits von Predigten und dem viel geübten „Einprägen durch Wiederholen“ dazu beitragen kann, dass die Werte, Vision und Ziele des Unternehmens sich in der Unternehmenswirklichkeit wiederfinden.

Im Grunde ist es dabei allerdings gleichgültig, ob man ein Wirtschaftsunternehmen, einen Sportverein oder das Zusammenleben in einer Familie ordnen möchte. Die Zusammenhänge und Wirkmechanismen sind dieselben.

2. Ethik und Moral – Ein kurzer Ausflug in die Theorie*

Dieses Kapitel möchten wir mit einer Warnung beginnen. Entweder Sie könnten uns beim Lesen der folgenden Abschnitte für fürchterliche Besserwisser halten oder selbst einer werden. Es geht nämlich um die Begriffsklärung zum Unterschied zwischen Ethik und Moral.

Vielleicht haben Sie Lust, bevor Sie weiterlesen, einmal kurz zu überlegen, worin für Sie der Unterschied besteht.

Bei der Beschäftigung mit ethischen und moralischen Fragestellungen begegnet man der Schwierigkeit, dass der alltägliche Sprachgebrauch nicht die nötige Trennschärfe für die betreffenden Begriffe bereithält. Dass in eben diesem Sprachgebrauch Ethik und Moral gleichermaßen für die Regelung der Frage „Was ist richtig und was falsch?“ zuständig sind. Eine Differenzierung erscheint schnell als Wortklauberei. Ethik – Moral, jeder hat dazu unterschiedliche Assoziationen.

Um des Rätsels Lösung zu lüften: Ethik ist die Wissenschaft, die Lehre, die Philosophie von der Moral. Oder anders und stark vereinfacht ausgedrückt:

> Ethik ist die Theorie, Moral ist die Praxis.

---

* Von Sven Sonne

Als Aristoteles der Ethik ihren Namen gab und ihr einen festen Platz im weiten Feld der Philosophie zuwies, verstand er unter Ethik mehr oder weniger die Lehre vom menschlichen Handeln. Diese Bedeutung hat sich im Lauf der Jahrhunderte verengt. Heute ist Ethik praktisch gleichbedeutend mit Moralphilosophie.

Aber in diesem Kapitel soll es nicht vorrangig um die wissenschaftliche Disziplin der Ethik gehen, sondern ganz allgemein um Ethik als die Theoriebildung von Moral. Es soll um Fragen gehen wie: Was ist Ethik, was Moral? Mit was für Begriffen haben wir es zu tun? Natürlich auch: Was ist das Ziel von Ethik? Wonach fragt sie? Wo endet sie? Die entscheidende Frage: Wozu soll ich mich überhaupt mit Ethik auseinandersetzen? ist dann hoffentlich am Ende von selbst beantwortet.

Allerdings gilt es, einen verbreiteten Irrtum gleich zu Beginn auszuräumen. Die Unterscheidung zwischen Moral und Ethik ist erst einmal eine **rein systematische**, auf gar keinen Fall eine wertende. Allerdings erhält der Begriff Moral in der öffentlichen Diskussion häufig einen negativen Klang, etwa wenn vor zu starkem „Moralisieren“ gewarnt oder der „Moralapostel“ verspottet wird. „Moral“ erscheint dann als ein starrer Regelkatalog, der den Anforderungen der Wirklichkeit nicht genügt. „Moral“ gilt leicht als konservativ und rückwärtsgewandt, als Hemmschuh auf dem Weg der freien Entfaltung. Ganz anders dagegen die deutlich edlere „Ethik“. In der Ethikkommission des Deutschen Bundestages werden große Grundsatzfragen wie z. B. die Grenzen der Genmanipulation erörtert. „Ethik“ hat nicht den Beigeschmack des Verbots oder Gebots, „Moral“ schon. Diese Assoziationen führen zwar systematisch in die richtige Richtung: Moral = konkrete Regel, Ethik = das übergeordnete System, werden aber im allgemeinen Sprachgebrauch vor allem als wertende Hierarchie wahrgenommen – und führen damit in die Irre. Um es klar zu sagen: Moral und Ethik sind keine Gegensätze, sondern systematisch aufeinander bezogene Begriffe des Gebiets der menschlichen Handlungen.

Woher kommen die Begriffe „Ethik" und „Moral"?

Zunächst eine enttäuschende Nachricht: Die Untersuchung der Wortherkunft aus dem Griechischen und Lateinischen trägt auf den ersten Blick wenig zur **Trennung der Begriffe** Ethik und Moral bei. Streng genommen haben sie ihre etymologischen Wurzeln in Synonymen, dem griechischen „ethos" und dem lateinischen „mos". Beide bedeuten einerseits „Gewohnheit, Sitte, Brauch" und andererseits „Charakter". Diese Doppelbedeutung ist im Griechischen noch offensichtlicher, da es zwei Schreibweisen von „ethos" gibt, die diesen Bedeutungsunterschied widerspiegeln. In griechischen Buchstaben wird das deutlicher: εθος = Gewohnheit, Sitte, Brauch und ηθος = Charakter, Sinnesart.

Diese Herkunft ist sehr aufschlussreich. Sie beschreibt schon sehr genau eine Konstellation, die für Ethik und ihren Gegenstand Moral wesentlich ist. Die Doppelbedeutung bildet nämlich das Verhältnis von konkreten Regeln (εθος = Gewohnheit, Sitte, Brauch) und einem diese Regeln tragenden Prinzip (ηθος = Charakter, Sinnesart) ab, die Moral ausmacht. Üblicherweise bezeichnet man dieses Prinzip als Moralität.

Von einem Menschen, der moralisch handelt, erwartet man schließlich nicht nur, dass er die Regeln der geltenden Moral befolgt, sondern auch, dass er es aus **Einsicht in das Prinzip** dieser Regeln tut. In den meisten Gemeinschaften ist Diebstahl verboten. Für einen moralisch handelnden Menschen reicht es nicht, das Verbot „Du darfst nicht stehlen" zu befolgen. Er muss auch das Prinzip „Stehlen ist nicht gut, weil es meinen Mitmenschen beeinträchtigt" einsehen. Hier wird übrigens auch ein Unterschied zum Recht deutlich. Dem Gesetz genügt es vollkommen, wenn man es befolgt. Ob das aus Einsicht in das Prinzip geschieht oder nur aus Angst vor Strafe, ist unerheblich.

Moral (εθος) ist also eine Ordnung, ein konkretes Regelsystem, das aus Gebots- und Verbotssätzen besteht, während Moralität (ηθος) ein abstraktes Prinzip darstellt, einen unbedingten Anspruch, den das System tragenden **Willen zum Guten**.

Auf den zweiten Blick kann die Etymologie aber doch noch mehr zum Verständnis der Begriffe Ethik und Moral beitragen als zunächst angenommen. Die Wortbedeutung von εθος/ηθος besteht nämlich heute im Deutschen weitgehend unverändert fort. Man spricht z. B. von einem Standesethos oder einem Berufsethos. Und auch damit ist beides gemeint, die Regeln und das Prinzip, die Moral und die sie tragende Moralität, das richtige Handeln und die Einsicht in die Richtigkeit.

Jetzt sei auch noch einmal auf die entsprechende Doppeldeutigkeit von „mos" hingewiesen, nämlich Sitte (ε Moral) und Charakter (η Moralität). Zum Vergleich: Wenn wir den Begriff „moralisch" verwenden, so ist dieser zunächst auch doppeldeutig. Er kann zum einen eine Handlung bezeichnen, die mit dem Regelsystem Moral in Einklang steht, er kann sich aber auch auf die Moralität (den Willen zum Guten) eines Menschen beziehen. „Sehr gut! Da hast du moralisch gehandelt." Oder: „Er ist zweifellos ein moralischer Mensch."

Wenn man sich jetzt noch vor Augen hält, dass sprachlich „Ethik" die Theorie/Beschäftigung/Lehre/Philosophie von/mit „Ethos" ist, dann hat man die Begriffe Ethik, Ethos, Moral und Moralität recht gut sortiert.

In der nachfolgenden Tabelle ist dies noch einmal als Übersicht dargestellt:

Wurzel	mos, ethos = εθος	mos, ethos = ηθος
Bedeutung	Gewohnheit, Sitte, Brauch	Charakter, Sinnesart
Inhalte	Konkrete Regeln	Abstraktes Prinzip
Praxis	Moral	Moralität
Theorie	Ethik	

Der Vollständigkeit halber sei noch angemerkt, dass im Sprachgebrauch auch „moralisch“ und „ethisch“ als Synonyme verwendet werden, viel stärker noch als „Ethik“ und „Moral“. Aber auch hier ist es sinnvoll zu versuchen, die Begriffe entsprechend ihrem Gegenstand auseinanderzuhalten.

Theorie/Lehre	**Praxis/Prinzip**
Ethik	Moral/Sitte Moralität/Charakter
ethisch	moralisch

In der **alltagssprachlichen Verwendung** wird nun, wie oben bereits besprochen, häufig Ethik und Moral gleichgesetzt, meist in der Bedeutung: Dieses ist erlaubt bzw. gesellschaftlich akzeptiert und jenes nicht. Damit ist dann nicht herrschende Rechtsprechung gemeint, sondern eine Art stillschweigendes Abkommen einer Gemeinschaft untereinander. Diese Gleichsetzung führt im Alltag selten zu Schwierigkeiten und Widersprüchen, aber sie ist ungenau. Sprachlich korrekt ist damit nämlich Moral gemeint.

Ein Seitenblick auf eine beliebige Naturwissenschaft kann den Zusammenhang von Moral und Ethik verdeutlichen: Eine wesentliche Grundlage wissenschaftlichen Arbeitens besteht dort im Beobachten und Sichern von Phänomenen. Man beschreibt seine Forschungsgegenstände, erfasst ihren Zustand, analysiert ihre Zusammensetzung. Man beobachtet in einer Versuchsanordnung die Veränderung unter bestimmten Bedingungen und hält das Ergebnis fest.

Für einen Botaniker bedeutet das beispielsweise die Feldarbeit. Hinaus in den heimischen Wald oder nach Costa Rica ziehen und dort erst einmal Pflanzen sammeln, zeichnen und fotografieren, in die Karte den Standort eintragen und viele Tätigkeiten dieser Art mehr. Ein Chemiker synthetisiert oder isoliert stattdessen chemische Verbindungen, führt Messungen und Analysen durch und versucht, die Strukturformel der Moleküle oder Kristalle herauszufinden.

Das entspricht für unseren Kontext der Beobachtung der Praxis menschlicher Handlungen, also der **Moral**.

Würde sich Wissenschaft damit begnügen, wäre das Ergebnis lediglich eine umfangreiche Materialsammlung, in der jedes Phänomen zwar exakt, aber doch als Einzelfall beschrieben stünde.

Natürlich hat aber die Forschung weit darüber hinausgehende Ziele. Dabei wird versucht aus der Beobachtung von Einzelphänomenen eine Regelmäßigkeit und aus dieser Regelmäßigkeit eine Theorie abzuleiten. Diese Theorie gilt es dann durch weitere praktische Experimente zu untermauern und in diesem Sinne zu „beweisen“ – wobei eine Theorie immer so lange Bestand hat, bis Ergebnisse auftauchen, die ihr widersprechen.

So wurde in der Chemie zunächst mit dem Begriff des Atoms, des *atomos* oder Unteilbaren, der Tatsache Rechnung getragen, dass es offenbar solche kleinsten Einheiten der Materie gibt. Mit dem Bohrschen Atommodell wurde dann der Aufbau des Periodensystems als Phänomen erklärbar. Gleichzeitig blieben Beobachtungen übrig, die eine weitere Verfeinerung der Theorie notwendig machten. Heute sind wir beim Stand von Quantenmechanik und Schrödingergleichung angelangt, versuchen, die Bausteine von Atomen vorherzusagen und zu messen – und gelangen dabei immer wieder zu Erkenntnissen, die besagen: Das ist noch nicht der Weisheit letzter Schluss. In der Botanik gehört dazu das Entwickeln einer Systematik zur Einordnung eines Neufundes in das bekannte Pflanzenreich, wie es erstmals von *Carl von Linné* beschrieben wurde.

In der Biologie zeigt der Disput um die Evolutionstheorie – und damit meine ich nicht einmal die Frage nach Evolution *oder* Gott, sondern die auch unter Wissenschaftlern Uneinigkeit erzeugenden Lücken in der Theorie selbst – wie schwierig es sein kann, eine Theorie zu entwickeln, die alle Phänomene der Praxis erklärt.

In der **Ethik** gehört in diese Reihe die Diskussion der Frage, ob moralisches Verhalten nun angeboren sei oder nicht. Auch die Theorie des „Nach folgenden Grundsätzen soll man handeln" sieht sich ständig mit der sich verändernden Praxis konfrontiert. Neue Möglichkeiten wie zum Beispiel die Entwicklung der modernen Medizin haben Fragen aufgeworfen, die sich so vor zweihundert Jahren noch nicht gestellt haben.

Welcher Gewinn lässt sich nun aus dieser Erkenntnis ziehen?

Im Grunde wissen Sie nun, dass Sie für Ihr Unternehmen keine Ethikbroschüre, sondern eine Moralbroschüre herausgeben. Und auch dieses Buch behandelt mit der „Unternehmensethik für die Praxis" in Wirklichkeit die Unternehmensmoral.

Hauptsächlich ist es für einen selbst wichtig, im konkreten Fall jeweils zu unterscheiden, ob man gerade über die theoretische Basis nachdenkt und spricht oder über die Klärung einer praktischen Einzelfrage.

Vereinfacht gesagt handelt es sich bei der Ethik um die Theorie der Moralpraxis. Es ist also sinnvoll, zunächst einmal auf die Frage **„Was ist Moral?“** eine Antwort zu suchen. Zum Beispiel diese:

> Moral ist das auf eine Gemeinschaft bezogene Regelsystem, das festlegt, welche Handlungen geboten, erlaubt oder verboten sind. Dieses System hat vor allem die Aufgabe, zu verhindern, dass jeder Einzelne willkürlich nach seinen eigenen Interessen handelt und dabei die Interessen der anderen Teilnehmer der Gemeinschaft außer Acht lässt. Außerdem ist Moral nicht auf Regeln beschränkt, sondern bildet auch den Rahmen für die Wertmaßstäbe der Gemeinschaft.

Diese Definition wirft sofort weitere Fragen auf: Was ist mit Gemeinschaft gemeint? Was sind die Strafen für Verstöße? Und so weiter. Rein theoretisch existiert für jede einigermaßen **homogene Gruppe** eine Moral (ohne diese jetzt im Einzelnen beschreiben zu wollen oder zu können), zum Beispiel für: „die Bürger der Bundesrepublik Deutschland“, „die Christen“, „die Muslime“, „die Ureinwohner Nordamerikas“ etc.

Dabei fällt auch sofort auf, dass Gemeinschaften sich nicht wie ein Puzzle ergänzen, sondern sich überlappen können, historisch und räumlich.

Daraus ergibt sich, dass es geradezu notwendig zu Widersprüchen kommt, wenn Menschen zwei oder mehr Gemeinschaften angehören. Und da sich Gemeinschaften ja auch immer kleinteiliger denken lassen, wird klar, dass jede Moral bzw. jedes Moralsystem jeder Gemeinschaft innere Widersprüche aufweist.

Ist damit Moral an sich ad absurdum geführt? Zumal wenn man bedenkt, dass Moral auch historischen Veränderungen unterworfen ist? Keineswegs. Denn ein wesentlicher Punkt ist, dass eine Moral nicht nur beansprucht, zu einem bestimmten Zeitpunkt zu gelten, sondern auch richtig zu sein, d. h. eine nicht relativierbare Gültigkeit zu besitzen. Und diese Gültigkeit wird von den Mitgliedern der Gemeinschaft anerkannt. Sie teilen idealerweise den Willen zum richtigen Handeln. Man könnte auch sagen, Moral erneuert ihre Begründung ständig aus dem Willen der Menschen zum Guten.

Moral ist somit zwar dynamisch, aber nicht relativ. Sie besitzt, um auch die Frage nach möglichen Strafen zu beantworten, keine eindeutigen Sanktionen. Vielmehr finden die Sanktionen zwischen den Mitgliedern der Gemeinschaft statt. Für nicht akzeptiertes Verhalten handelt man sich zum Beispiel Vorwürfe ein oder verschlechtert seinen Status bis hin zum Verlust sozialer Beziehungen.

An diesem Punkt lässt sich das Regelsystem Moral auch noch vom Recht und von der Tradition abgrenzen. Das **Recht** beansprucht eine absolute Verbindlichkeit. Es verfügt über einen eindeutigen Zusammenhang von Verstoß und Strafe. Recht gilt zu einem bestimmten Zeitpunkt. Es entsteht nicht, es wird gemacht. Recht kann der herrschenden Moral folgen, aber es ist mit ihr nie deckungsgleich.

Umgekehrt trägt Moral zwar Wesensmerkmale der **Tradition**, ist aber in einem Punkt fundamental davon verschieden. Während Tradition gerade darin besteht, unhinterfragt zu bleiben und keine (Neu-)Begründung zu brauchen, erneuert und überprüft sich Moral ständig selbst, muss sich also kontinuierlich aus dem Willen zum Guten neu begründen.

Wenn nun Ethik lediglich den systematischen Überbau darstellt, so kann man sich ja fragen: **Warum überhaupt Ethik?** Widmen wir uns dazu noch einmal näher dem Gegenstand der Ethik: der Moral. Schließlich ist es die Moral, die den Menschen direkt betrifft, mit deren Ansprüchen er in jeder einzelnen seiner Entscheidungen und Handlungen konfrontiert ist. Denn sie regelt sein Handeln, indem sie über Normen und Werte Vorgaben macht, welche Handlung gut und welche schlecht, welche Handlung geboten, verboten oder erlaubt ist. Zur Verdeutlichung: Mit dem Wert des Lebens und einer Handlungsnorm, die das Töten verbietet, ist ein wichtiger Pflock in den moralisch zu bearbeitenden Boden einer Gemeinschaft geschlagen. Weitere beliebige lassen sich denken: Eigentum und das Verbot zu stehlen, körperliche Unversehrtheit und das Verbot der Gewaltanwendung etc.

Bisher sind das alles Werte und Normen, die auch direkt als Gesetz anwendbar sind. Was macht aber ihre moralische und nicht nur ihre rechtliche Qualität aus? Ein Punkt ist bereits angesprochen worden: Die Moralität. Man darf, um moralisch zu handeln, nicht nur blind einer Regel folgen, sondern man muss auch ihre Richtigkeit, ihre innere Gültigkeit einsehen und anerkennen.

Was ist aber überhaupt die Voraussetzung für moralisches Handeln?

Die Möglichkeit oder Gelegenheit auch anders zu handeln, als moralisch geboten. Ein Mensch, der moralisch handelt, muss die Möglichkeit haben, sich frei dafür zu entscheiden. Und damit liegt ein großes Wort auf dem Tisch: Freiheit.

Freiheit ist die Bedingung für Moral.

Freiheit macht Moral überhaupt erst möglich und gleichzeitig notwendig. Denn wenn der Mensch sich frei entscheiden kann, was er tut, dann kann diese Entscheidung auch zum massiven Nachteil seiner Mitmenschen ausfallen. Moral begrenzt den Rahmen der freien Entscheidung durch ihre Normen und Werte. Gleichzeitig ist es die freie Entscheidung des Menschen sich für diese Begrenzung zu entscheiden. Er tut dies gemäß seiner Moralität, also der Einsicht in die Richtigkeit einer moralischen Regel. Frei sein und sich für die Begrenzung der eigenen Freiheit entscheiden: Ein Kernsatz für moralisches Handeln.

Aber warum sollte man das tun? Warum sollte man freiwillig die eigene Freiheit einschränken?

Vielleicht weil sie sich darin am klarsten zeigt.

3. Werte als Entscheidungsgrundlage

In einem Training zum Thema Krisenmanagement spielte sich einmal vor Jahren folgende Szene ab:

In einem Rollenspiel sollten die Teilnehmer ihre Fähigkeit erproben, in einer Krisensituation sinnvolle Entscheidungen zu fällen. In der fiktiven Trainingssituation sind sie die Mitarbeiter der Niederlassung eines Großunternehmens in einem westafrikanischen Staat. Als dort Unruhen ausbrechen, soll die Belegschaft evakuiert werden. Dafür stehen Plätze in einem Hubschrauber zur Verfügung, die jedoch nicht für alle ausreichen. Jeder Teilnehmer hatte vorab ein Blatt mit einer Rollenbeschreibung und Instruktionen zu seinen Zielen erhalten.

Die Gruppe, in der ich Mitglied war, begann zunächst heftig zu diskutieren. Jeder versuchte klarzumachen, warum er unbedingt einen Platz in diesem Hubschrauber benötige. Schnell war man beim Wert der einzelnen Menschen – für sich selbst, für die Firma. Ein Teilnehmer unserer Gruppe, ein älterer Herr, der sich bis dahin völlig zurückgehalten hatte, beugte sich schließlich vor und fragte leise: „Wer hat die größten Chancen?“ Verdutzt sahen wir ihn alle an. „Ja“, sagte er, darum geht es doch. „Wer hat, wenn er hier bleibt, überhaupt eine Chance zu überleben? Die anderen müssen wir in Sicherheit bringen.“ Ich kann wohl sagen, dass wir uns anschließend alle erst einmal reichlich geschämt haben, dass wir diese Frage überhaupt übersehen konnten. Aber unsere Anweisungen hatten das Denken in Richtung Egoismus gelenkt. Gleichzeitig konnte man an der Leichtigkeit, mit der nun der Umschwung erfolgte, sehen, dass wir diesen Wert, den ich mal mit „Die größte Gesamtchance auf Überleben“ bezeichnen würde, so deutlich teilten, dass die anschließende Platzverteilung im Hubschrauber nur noch Minuten in Anspruch nahm.

Zum Konzept des Trainings gehörte unter anderem, dass uns nun im Laufe der Übung weitere Katastrophenmeldungen und Entscheidungen übermittelt wurden, auf die es zu reagieren galt. Während in anderen

Teams jedesmal wieder heftige Diskussionen aufbrandeten, konnten wir entspannt entscheiden.

Und wenn man eine Entscheidung bewusst auf der Basis seiner Werte trifft, ist man davor gefeit, im Nachhinein festzustellen, dass man, ohne es zu wollen, gegen die eigenen Überzeugungen gehandelt hat.

Diese **Klarheit** herzustellen, ist eine der wichtigsten Aufgaben ethischer Unternehmensführung. Besonders wichtig wird das vor allem dort, wo Einigkeit über Bedeutung und Reihenfolge bestimmter Werte nicht so leicht erreichbar ist wie im Eingangsbeispiel. Zu dieser Klarheit gehört dann auch, die dahinterstehende **Begründung** mitzuliefern. Erst dann wird nachvollziehbar, wie es zu bestimmten **Entscheidungen** gekommen ist.

Klarheit über Werte macht handlungsfähig.

Üblich ist aber immer noch das Gegenteil. Wenn Sie das folgende Beispiel durchlesen, kommen Ihnen das Reden um den heißen Brei und das Vorschieben von Pseudobegründungen vielleicht bekannt vor.

Mitarbeiter: Ich hab hier gelesen, dass wir nicht mehr im Internet surfen und keine privaten Mails verschicken dürfen. Das versteh ich nicht. Die Firma hat doch eine Flatrate, oder? Da fällt das doch gar nicht ins Gewicht.

Vorgesetzter: Darum geht es dabei auch gar nicht. Viel teurer ist doch die Arbeitszeit. Wenn jeder am Tag eine Stunde am Rechner vertrödelt, kostet das Hunderttausende.

Mitarbeiter: Also, das ist ja nun echt eine Unterstellung! Ich glaube nicht, das dafür hier noch einer Zeit hat!

Vorgesetzter: Jaja. Aber zum Beispiel hat auch gar nicht jeder einen Rechnerzugang. Da wäre das doch ungerecht.

Mitarbeiter: Naja, aber die mit Rechner sind in der Hauptsache die, die sich hier in letzter Zeit die Abende um die Ohren schlagen. Gerade im Controlling geht keiner mehr vor zehn nach Hause.

Vorgesetzter: Ja, und? Soll es dafür jetzt Sonderrechte geben? Schließlich bekommen die Leute ja auch ein höheres Gehalt.

Mitarbeiter: Jaha! Aber wenn Sie das mal durch die Arbeitsstunden teilen ... Und bedenken Sie mal: Im Augenblick kann ich einiges kurz aus dem Büro erledigen. Banksachen, Urlaubsquartier suchen und buchen, kurze Mail, dass ich heute Abend später zum Training komme. Mach ich heute zwischendurch oder in der Mittagspause. Das fällt dann alles flach. Also setz ich mich entweder in der halben Nacht zu Hause noch mal an den Rechner, oder ich geh halt früher. Und ich denke, das wird auch passieren.

Vorgesetzter: Ja, da haben Sie natürlich auch irgendwie recht. Aber es gibt da noch ein zusätzliches Problem. Der Leiter IT hat mir das so erklärt: Wenn wir unseren Mitarbeitern erlauben, im Internet zu surfen, dann werden wir rechtlich so gestellt wie die großen Provider. Und müssen alle Daten ewig lang speichern. Also müssen wir das offiziell verbieten.

Mitarbeiter: Das heißt, eigentlich ist es für die Firma schlicht zu teuer.

Vorgesetzter: Das ist vielleicht etwas krass ausgedrückt, aber irgendwie – ja, genau.

Mitarbeiter: Und darf ich jetzt trotzdem surfen? Wenn Sie sagen: *offiziell* müssen wir das verbieten?

Vorgesetzter: Wir werden da sicher nicht so genau hinsehen. Mehr kann ich dazu nicht sagen.

Wenn Sie einmal überlegt haben, wie das Hin und Her und das Ausweichen von einem Grund zum anderen beim Lesen auf Sie gewirkt hat, wird deutlich, dass man als Vorgesetzter auf diese Weise die Mitarbeiter nicht dazu bringt, Unternehmenswerte zu achten und Regeln einzuhalten. Vielmehr entsteht der Eindruck, das sei alles beliebig. Zuerst wird die Regel mit einem Vorwurf verbunden, dann wird die Gerechtigkeit bemüht, am Ende aber geht es ganz klar ums Geld. Nun mag man einwenden, wer wolle seinen Mitarbeitern schon ins Gesicht sagen, dass etwas, was sie als angenehm und irgendwie sogar selbstverständlich betrachten, der Firma schlicht zu teuer ist. Aber wenn das tatsächlich der Grund für die neue Regel ist und der Wert „Gewinnoptimierung" wichtiger ist als der Wert „Bequemlichkeit" – nicht, weil jemand das willkürlich entschieden hat, sondern weil beispielsweise die wirtschaftliche Lage des Unternehmens das erforderlich macht – dann kann man das auch so kommunizieren. Nichts wirkt an dieser Stelle so durchschlagend wie Klarheit. Das klingt dann beispielsweise so:

Mitarbeiter: Ich hab hier gelesen, dass wir nicht mehr im Internet surfen dürfen und keine privaten Mails verschicken. Das versteh ich nicht. Die Firma hat doch eine Flatrate, oder? Da fällt das doch gar nicht ins Gewicht.

Vorgesetzter: Für Sie ist das zunächst unverständlich, warum wir das jetzt so entschieden haben.

Mitarbeiter: Ja, allerdings. Was ist denn der Hintergrund?

Vorgesetzter: Der Grund liegt in einem Gesetz. Der Leiter IT hat mir das so erklärt: Wenn wir unseren Mitarbeitern erlauben, im Internet zu surfen, dann werden wir rechtlich so gestellt wie die großen Provider. Und müssen alle Verbindungsdaten eine längere Zeit speichern.

Mitarbeiter: Ja, und?! Ist das schlimm?

Vorgesetzter: Das ist vor allem teuer. Der Serverplatz gibt dabei den Ausschlag. Die Datenmengen sind enorm.

Mitarbeiter: Aber wenn Sie das mal gegenrechnen: Im Augenblick kann ich einiges kurz aus dem Büro erledigen. Banksachen, Urlaubsquartier suchen und buchen, kurze Mail, dass ich heute Abend später zum Training komme. Mach ich heute zwischendurch oder in der Mittagspause. Das fällt dann alles flach. Also geh ich halt früher. Und ich denke, das wird auch passieren.

Vorgesetzter: Ja, das haben wir auch bedacht. Wir wissen auch, dass das für die Mitarbeiter eine Einschränkung bedeutet. Der Kosteneffekt ist aber nicht groß genug, um die Server zu rechtfertigen. Und Sie wissen ja, Sparen hat im Augenblick höchste Priorität.

Mitarbeiter: Na toll! Und was mache ich nun?

Vorgesetzter: Wir suchen gerade nach einer Lösung. Wahrscheinlich gibt es demnächst Rechner, die für alle zugänglich sind und über die Sie dann privat ins Internet gehen können.

Mitarbeiter: Ach so, na das wär 'ne Maßnahme.

Vor die klare Kommunikation gehört allerdings noch der Schritt, sich selbst darüber klar zu werden, welche Prinzipien denn gelten sollen. Und das gilt nicht nur in Unternehmen.

> Jeder von uns handelt aufgrund seiner persönlichen Wertvorstellungen.

Meist ist uns das jedoch nicht bewusst. Im Folgenden soll es nun darum gehen, die Werte kennenzulernen, die Ihrem eigenen Handeln zugrunde liegen.

Vielleicht haben Sie Lust, sich an einer Reihe von Übungen zu versuchen. In den Übungen geht es darum, herauszufinden und festzulegen, welche Werte und grundlegenden Prinzipien hinter Ihrem eigenen Handeln stehen und welche Prioritäten Sie dabei setzen. Das gleiche Vorgehen lässt sich dann auf eine Gruppe von Menschen, eine Organisation oder eben ein Unternehmen übertragen – mit der zusätzlichen Schwierigkeit, dass sich dann beispielsweise der Vorstand oder ein anderes Führungsgremium einig sein oder werden muss über die Auswahl. Sollen für ein Unternehmen die entsprechenden Werte definiert werden, kann man aber prinzipiell demselben Ablauf folgen.

Und im Unternehmen ebenso wie im Privaten lassen sich dann sicher auch Diskrepanzen feststellen zwischen dem, wonach man handeln will, und der Realität. Dann gilt es zu entscheiden, wie man damit umgehen möchte und wie eine entsprechende Veränderung bewirkt werden kann. Gegebenenfalls wird eine ganze Reihe von Maßnahmen notwendig, bis die beschriebenen Werte auch tatsächlich der Unternehmenswirklichkeit entsprechen.

Kommen wir nun aber zu Ihren persönlichen Werten. Vielleicht möchten Sie die einzelnen Aufgaben zunächst lediglich durchlesen, vielleicht nehmen Sie aber auch gleich Papier und Stift zur Hand.

Aufgabe 1: Bitte sammeln Sie so viele Begriffe, die einen Wert darstellen können, wie Ihnen einfallen. Beispiele wären Freiheit, Gerechtigkeit, aber auch Sorgfalt oder Pünktlichkeit.

Schon in wenigen Minuten kommt man auf eine erstaunlich lange Liste von möglichen Werten. Vielleicht möchten Sie das Buch sogar eine Weile beiseite legen und bei dieser Übung verweilen. Ich habe vor einigen Jahren, als ich angefangen habe, mich mit dem Thema Werte zu beschäftigen, eine Sammlung begonnen, die inzwischen weit über zweihundert Begriffe umfasst. Sie wächst ständig, und vielleicht werden auch Sie feststellen, dass Sie in den nächsten Tagen und Wochen bei vielen Gelegenheiten auf Ausdrücke stoßen, mit denen sich die Reihe noch ergänzen lässt.

Auf den nächsten Seiten finden Sie das Ergebnis meiner Sammeltätigkeit in alphabetischer Reihenfolge.

Abstammung, Abwarten, Achtsamkeit, Achtung, Aktivität, Alleinsein, Alter, Anerkennung, Angemessenheit, Anmut, Anstand, Anstrengung, Anteilnahme, Arbeit, Armut, Askese, Aufmerksamkeit, Aufrichtigkeit, Augenmaß, Ausbildung, Ausdauer, Ausgeglichenheit, Ausgelassenheit, Ausgewogenheit, Authentizität, Barmherzigkeit, Begeisterung, Beharrlichkeit, Beherrschung, Bequemlichkeit, Beruf, Bescheidenheit, Besitz, Besonnenheit, Beständigkeit, Bewahren, Bewertung, Bildung, Brauchtum, Brüderlichkeit, Bündnis, Chance, Chaos, Charakter, Cleverness, Dankbarkeit, Demut, Dienen, Diskretion, Dringlichkeit, Durchhaltevermögen, Durchsetzungsvermögen, Echtheit, Edelmut, Ehre, Ehrfurcht, Ehrlichkeit, Einsicht, Energie, Engagement, Entdeckergeist, Enthaltsamkeit, Entschlossenheit, Entspannung, Entwicklung, Erfahrung, Erfindungsreichtum, Erfolg, Erfüllung, Fairness, Familie, Fleiß, Flexibilität, Freiheit, Freimut, Freude, Freundlichkeit, Freundschaft, Frieden, Fröhlichkeit, Frömmigkeit, Führung, Fürsorge, Gastfreundschaft, Geborgenheit, Gebrauchtwerden, Geduld, Gegenwart, Gehorsam, Geistesgegenwart, Gelassenheit, Geld, Gemeinsamkeit, Gemeinschaft, Gemeinsinn, Gemeinwohl, Gemütlichkeit, Gemütsruhe, Genauigkeit, Genügsamkeit, Genuss, Gerechtigkeit, Geschichte, Geschick, Gesellschaft, Gesetz, Gesundheit, Gewaltlosigkeit, Gewinn, Gewissheit, Glauben, Gleichberechtigung, Gleichheit, Gnade, Großmut, Güte, Harmonie, Heilung, Heimat, Heiterkeit, Heldentum, Herkunft, Hierarchie, Hilfsbereitschaft, Hingabe, Hoffnung, Höflichkeit, Humor, Ideen, Individualität, Individuum, Information, Innovation, Inspiration, Integration, Integrität, Intelligenz, Interesse, Jugend, Jungfräulichkeit, Keuschheit, Kirche, Klarheit, Klugheit, Kompetenz, Kontinuität, Kongruenz, Können, Kontemplation, Kontinuität, Konzentration, Kooperation, Kraft, Kreativität, Kritikfähigkeit, Kultur, Langsamkeit, Lässigkeit, Lauterkeit, Leben, Lebendigkeit, Lebenslust, Lebensfreude, Legalität, Leichtigkeit, Leidenschaft, Leistung, Leistungsbereitschaft, Lernen, Liebe, Lob, Loyalität, Machbarkeit, Macht, Mäßigung, Menschlichkeit, Milde, Mildtätigkeit, Mitleid, Möglichkeit, Mühe, Muße, Mut, Nachhaltigkeit, Nachsicht, Nächstenliebe, Nähe, Natürlichkeit, Neues, Nirwana, Nüchternheit, Nutzen, Nützlichkeit, Obrigkeit, Offenheit, Ordnung, Organisation, Perspektive, Pflicht, Phantasie, Planung, Potential, Priorität, Produktivität, Pünktlichkeit, Realitätssinn, Reinheit, Reinigung, Reinlichkeit, Religion, Respekt, Risiko, Rituale, Rückzug, Ruhe, Sauberkeit, Schaffenskraft, Schnelligkeit, Schönheit, Schweigen, Segnung, Sein Wort geben, Selbstachtung, Selbstaufgabe, Selbstaufopferung, Selbstbeherrschung, Selbstbestimmung, Selbstbewusstsein, Selbsterkenntnis, Selbstfindung, Selbstlosigkeit, Selbstvertrauen, Selbstwertgefühl, Sich Überlassen, Siegen, Sinn, Sinnlichkeit, Sitte, Sittlichkeit, Solidarität, Solidität, Sorgfalt, Sparsamkeit, Spaß, Spiritualität, Stabilität, Stand, Standhaftigkeit, Stärke, Status, Stille, Stolz, Systematik, Talent, Tapferkeit, Team, Technik, Teilen, Teilnahme, Tierliebe, Titel, Toleranz, Tradition, Trauer, Treue, Trost, Umsorgen, Unabhängigkeit, Unbeirrbarkeit, Unbestechlichkeit, Veränderung, Verbindlichkeit, Vergangenheit, Vergebung, Vergessen, Verlässlichkeit, Verschwiegenheit, Versenkung, Versöhnung, Verstand, Verständnis, Verstehen, Vertrauen, Vertraulichkeit, Verwandlung, Verzeihung, Verzicht, Vielfalt, Vorbereitung, Vorhersehbarkeit, Vorsicht, Wachsamkeit, Wagemut, Wahrhaftigkeit, Wahrheit, Wandel, Wärme, Weisheit, Werke, Wertschätzung, Wesentliches, Wichtigkeit,

Widerstandskraft, Willenskraft, Wirklichkeit, Wirkung, Wissen, Wohltätigkeit, Wohlwollen, Zärtlichkeit, Zeit, Ziele, Zögern, Zorn, Zugehörigkeit, Zukunft, Zusammenarbeit, Zuverlässigkeit, Zuversicht, Zweckdienlichkeit.

Wenn ich die Liste jemandem zeige, sagt derjenige meist gleich bei einem der obersten Punkte: „Was, das soll ein Wert sein?! Das ist doch kein Wert!" Ja, für ihn nicht. Das Problem mit Werten ist, dass jeder seine eigenen hat. Deswegen habe ich den Begriff für die Liste so definiert, dass ein Wert alles sein kann, wonach jemand sein **Handeln** ausrichtet (bewusst oder unbewusst).

Einige Werte sind dabei unstrittig. Wer würde schon ernsthaft gegen die Gerechtigkeit als Wert argumentieren. An anderen aber scheiden sich die Geister.

> Was für den einen einen Wert darstellt, kann durchaus für den anderen keiner sein.

Denken Sie einmal an Begriffe wie Vaterlandsliebe oder Keuschheit, über deren Wert und Wichtigkeit es eine große Bandbreite an Ansichten gibt. Manche Werte erklären sich auch erst aus einem bestimmten Lebenszusammenhang. Häufig stutzen Seminarteilnehmer bei dem Wert Trauer. Natürlich ist Trauer kein absoluter Wert, den man anstrebt und erreichen möchte. Wer aber zum Beispiel einen nahen Angehörigen verloren hat, für den werden die Verarbeitung und das Abschiednehmen lebenswichtig. Und für viele jüdische Familien, die Angehörige im Holocaust verloren haben, ist die Trauer ein Teil ihres Bewusstseins geworden.

Noch ein weiteres Beispiel: In unserer Gesellschaft und in unserer Zeit gilt das Prinzip der „Eigenverantwortung des Individuums". Ich habe mich einmal auf einer Tagung mit einem libyschen Versicherungsfachmann unterhalten, der das für eine ganz grässliche Vorstellung hielt, kalt und herzlos. Für ihn, aus dem Verständnis seiner Gesellschaft heraus, galt stattdessen das Prinzip des Patriarchats im Sinne von „Das Sippenoberhaupt trifft alle Entscheidungen von Tragweite für die ihm zugeordneten Personen". Das allein garantierte für ihn, dass Entscheidungen nur von jemandem getroffen werden, der weise und im Entscheiden geübt ist.

Wenn Sie sich die Liste der Werte durchlesen, werden Sie auch bereits auf eine erste Schwierigkeit stoßen. In der langen Reihe von Wörtern finden sich sicher einige, die Sie rundheraus ablehnen. Aber am Ende bleibt noch eine gewaltige Zahl an Werten übrig. Wonach wollen Sie persönlich sich nun richten? Daher folgt nun:

Aufgabe 2: Bitte wählen Sie aus der Liste Ihrer Werte die fünf aus, die Ihnen am wichtigsten sind und nach denen Sie Ihr Handeln hauptsächlich ausrichten wollen.

Mit der Beantwortung der Frage, wonach wir unser Handeln ausrichten wollen, stoßen wir auf eines der zentralen Themen unseres Lebens. Was uns etwas wert ist, ist sehr eng verknüpft mit der Frage danach, welchen **Sinn** wir unserem Dasein geben und wofür wir leben. Eine wohl ausgearbeitete Liste der persönlichen Werte eines Menschen stellt eine Art Fingerabdruck seiner **Geisteshaltung** dar, aus der man seine Handlungen in der Vergangenheit verstehen und zukünftige vorhersagen können sollte.

Gleiches gilt für die Werte eines Unternehmens. Von innen heraus ist das, was manchmal als **„gelebte Werte“** bezeichnet wird, gar nicht immer so leicht festzustellen; handelt es sich doch quasi um Selbstverständlichkeiten. Fragt man aber Externe, beispielsweise neue Mitarbeiter oder Kunden, für welche Werte ihrer Beobachtung nach das Unternehmen steht und woran sie das festmachen, bekommt man oft erstaunliche Einsichten.

Eines der berühmtesten und viel zitierten Beispiele für einen Menschen, der seine persönlichen handlungsleitenden Prinzipien schriftlich festgelegt und regelmäßig überprüft hat, ist *Benjamin Franklin*. Er hat für sich allerdings nicht fünf, sondern dreizehn Tugenden ausgewählt. Und zwar Enthaltsamkeit, Schweigen, Ordnung, Entschlossenheit, Sparsamkeit, Fleiß, Aufrichtigkeit, Gerechtigkeit, Mäßigung, Reinlichkeit, Gemütsruhe, Keuschheit, Demut. Sie werden Ihre eigene Liste von fünf Werten vielleicht auch im Laufe der Zeit weiter ergänzen wollen.

Nun haben Sie sich einen ersten Überblick über Ihre Wertgrundsätze verschafft. Auch im Unternehmen wird man in der Regel mit einer solchen Sammlung beginnen. Der nächste Schritt ist nun, die Werte in eine **plausible Reihenfolge** zu bringen. Erst dann lassen sie sich wirklich als Maßstab für das eigene Handeln verwenden.

Aufgabe 3: Wählen Sie Ihren wichtigsten Wert und beantworten Sie dazu die folgenden Fragen: Warum soll dieser Wert Ihr wichtigster Wert sein und was genau wollen sie darunter verstehen? Wie soll jemand nach diesem Wert handeln? Woran erkennen Sie, dass ein anderer diesen Wert teilt?

Mit der letzten Frage deutet sich schon an, welch schwierige Aufgabe bei der Definition von Werten auf einen selbst und noch viel mehr bei der Festlegung von Unternehmenswerten auf die Verantwortlichen wartet.

Befragt man verschiedene Personen nach ihrer Vorstellung von Loyalität, dann kann man beispielsweise Folgendes hören:

> „Loyalität bedeutet für mich, dass man das Unternehmen bedingungslos unterstützt."
>
> „Loyalität, das ist, wenn man zu Außenstehenden nichts Schlechtes über das Unternehmen sagt."
>
> „Loyal ist man, wenn man auch bei der Firma bleibt, wenn es gerade nicht so gut läuft. Und nicht einfach kündigt oder so."

Auch ein Unternehmen tut also gut daran, genau auszuformulieren, was mit den Oberbegriffen in der Ethikbroschüre wie Integrität, Offenheit oder Zusammenarbeit denn nun gemeint ist.

> Werte bedürfen einer konkreten Erläuterung, um in Handlungen umsetzbar zu sein.

Werte unterliegen keineswegs nur unserem eigenen Willen, sondern sind vielmehr auch Ausdruck unserer Umgebung und der Zeit, in der wir leben und befinden sich so in einem zwar langsamen, aber kontinuierlichen Wandel. So war beispielsweise materieller Besitz in der Aufschwung- und Wiederaufbauphase nach dem Zweiten Weltkrieg außerordentlich wichtig für die meisten. Auch heute noch spielen ein hohes Gehalt und der Wunsch, sich viel leisten zu können, eine entscheidende Rolle bei der Lebensgestaltung vieler Menschen. Auch ein Wert wie Ehrlichkeit oder Achtung vor dem Besitz anderer kann unter besonderen Umständen seine Gültigkeit teilweise verlieren. Das drückt sich in Sprüchen aus wie „Not kennt kein Gebot" oder etwas krasser ausgedrückt als „Erst kommt das Fressen, dann die Moral". Man muss es sich also im wahrsten Sinne des Wortes leisten können, nach den eigenen Werten zu leben.

> Werte gehören in einen Bezugsrahmen.

Übrigens müssen die Werte, die jemand als seine nennt, nicht seine **„wahren" Werte** sein, also die, nach denen er tatsächlich handelt. Eigentlich ist das meiner Beobachtung nach sogar eher die Ausnahme. Das liegt unter anderem daran, dass Werte unterschiedliche Anerkennung erfahren. Wer würde heute im Geschäftsleben schon zugeben, dass das Hauptmotiv seines Handelns die eigene Bequemlichkeit ist. Um 1750 war das dagegen hoch angesehen.

Aufgabe 4: Die wirklichen Werte eines Menschen erkennt man nicht an dem, was er sagt, sondern an seinen Handlungen. Überlegen Sie, an welche Beispiele Sie sich dabei erinnert fühlen.

Da gibt es die Eltern, die ihren Kindern sozusagen vom Fernsehsessel aus erklären, wie wichtig es ist, Bücher zu lesen (Bequemlichkeit statt Bildung).

Den gut verdienenden Manager, der jederzeit schwören würde, dass seine Familie für ihn das absolut Wichtigste sei, und der wegen der anstehenden Beförderung jeden Abend vor dem Rechner oder gleich im Büro verbringt (Status statt Zugehörigkeit). Den Restaurantgast, der eine Rechnung von 34,60 € großzügig auf „Fünfunddreißig!“ aufrundet (Sparsamkeit statt Dankbarkeit). Und so weiter.

Außerdem kann jeder Wert **positive und negative Seiten** haben. Es ist also beileibe nicht von selbst klar, was genau darunter zu verstehen ist. Stolz zum Beispiel gilt in der Ausprägung des Hochmuts als nicht gerade angesehen. Aber es kann durchaus vorkommen, dass jemand mit Nachdruck sagt „Ich habe schließlich auch meinen Stolz!“, und das durchaus positiv meint im Sinne von „sich nicht alles gefallen lassen“, „Grenzen setzen“ und Selbstachtung. Wie bei Sparsamkeit und Geiz macht auch hier die Dosis das Gift. Zu jedem Wert gibt es bei näherer Betrachtung ein **Kontinuum der Ausprägung**. Dabei kann man jeweils „rechts oder links vom Pferd fallen“. Im Englischen gibt es dazu ein Sprichwort: “*A man’s biggest failure is his greatest virtue overdone!*”. Auf Deutsch bedeutet das in etwa, dass der schwerste Fehler eines Mannes die Übertreibung seiner größten Tugend sei.

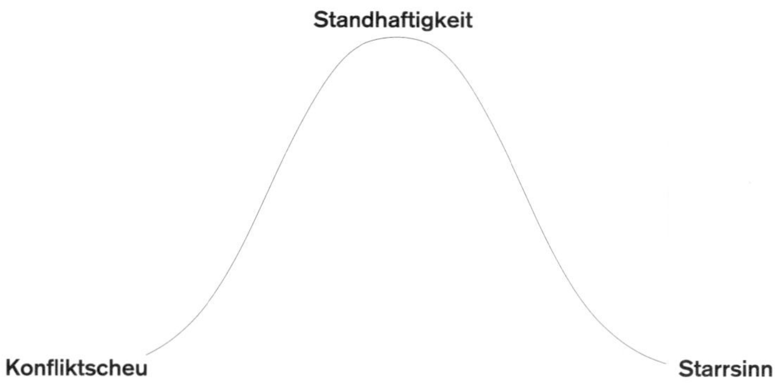

Ausprägungen des Wertes Standhaftigkeit

Sehen Sie sich als ein Beispiel dafür einmal die Abbildung zum Wert „Standhaftigkeit“ an. Zu viel oder falsch verstandene Standhaftigkeit kann auf andere schnell halsstarrig wirken und dazu führen, dass man nicht etwa einen berechtigten Kampf führt, sondern sich ohne Grund gegen sinnvolle oder sogar notwendige Veränderungen sperrt. Wer nun allerdings aus Angst vor solchem Starrsinn immer gleich nachgibt und sein Fähnchen nach dem Wind hängt, gibt vielleicht aus Konfliktscheu an einer Stelle nach, an der er seine Interessen hätte vertreten sollen. Ein anderes Beispiel wäre das Kontinuum Prasserei – Großzügigkeit – Sparsamkeit – Geiz. Und Ihnen fallen vermutlich noch weitere ein. Dabei ist das schwerste, das eigene Verhalten einzuschätzen. Glücklich, wer jemand hat, auf dessen ehrliche Rückmeldung er im Zweifelsfall bauen kann.

An dem Beispiel von Großzügigkeit und Sparsamkeit zeigt sich noch eine weitere Eigenschaft von Werten. Neben einem solchen Kontinuum lassen sich Werte auch als **Gegensatzpaare** verstehen. Denken Sie einmal an die Paarungen Tradition – Veränderung oder Freiheit – Bindung. Dass sich Konflikte ergeben, wenn in einer konkreten Lage oder Entscheidungssituation die beteiligten Personen gegensätzliche Werte vertreten, liegt auf der Hand.

Die klassische Tragödie lebt beispielsweise von Wertekonflikten.

> *Sophokles* lässt seine Antigone an der Frage zu Grunde gehen, was höher zu bewerten sei, das Wort des Königs Kreon, das verbietet, ihren Bruder Polyneikes zu bestatten, oder ihre Pflicht als Schwester. Für Antigone ist das keine Frage. Für ihre Wertvorstellungen setzt sie ohne Zögern ihr Leben aufs Spiel. Kreon verurteilt sie zum Tode und erkennt zu spät, dass er damit seine eigenen Werte aus purem Hochmut verraten hat.

So ernst wird es im Geschäftsleben heute selten. Dennoch sieht sich jede Führungskraft in der Rolle nicht der Antigone, sondern des Kreon und möchte ja vermutlich vermeiden, denselben Fehler zu begehen.

Fahren wir doch einmal mit zwei nicht ganz einfachen Fragen fort:

Aufgabe 5: Wie reagieren Sie auf Menschen, die Ihre Werte nicht teilen?

Toleranzgeübt wird mancher zunächst davon ausgehen, dass er andere Werte durchaus akzeptieren kann. In der Praxis bedeutet das aber, dass man sich nicht mit den Werten an sich, sondern bereits mit deren Auswirkungen in Form konkreter Handlungen konfrontiert sieht. Vielen fällt es schon schwer, entspannt hinzunehmen, dass andere anderes glücklich und zufrieden macht oder sie ihre Grenzen an anderer Stelle ziehen. Ganz schwierig wird es jedoch, wenn man selbst betroffen ist und die Auswirkungen am eigenen Leib zu spüren bekommt. An dem folgenden Gesprächsbeispiel mag das deutlich werden:

Mutter: Sag mal, hast Du meine blaue Halskette gesehen?
Tochter: Nö, ich glaub nicht.
Mutter: Die mit den dicken Perlen, die ich mir von Kreta mitgebracht habe.
Tochter: Ach, die! Die hab ich Jana geliehen.
Mutter: Wie bitte!
Tochter: Jana. Geliehen.
Mutter: Sag mal, spinnst Du?! Wie kommst Du dazu?!!
Tochter: Hey, hey, jetzt reg Dich ab, Mama!
Mutter: Wieso soll ich mich abregen! Du nimmst Dir einfach meine Sachen. Ohne zu fragen. Und dann nicht mal für Dich, sondern auch noch für Fremde.
Tochter: Jana ist keine Fremde.
Mutter: Für mich schon. Ich hätte ihr die Kette auf keinen Fall geliehen.
Tochter: Ja, das dachte ich mir. Deswegen hab ich auch nicht gefragt.

Mutter: Und dass Du einfach etwas nimmst, was Dir nicht gehört, und darüber verfügst, was sagst Du dazu?

Tochter: Ach, Du klammerst Dich viel zu sehr an Deine Sachen. Und was soll schon passieren?!

Mutter: Erstens geht es darum nicht. Ich geh ja auch nicht an Deinen Kram. Jeder bestimmt selbst über seinen Besitz!

Tochter: Ach, Mama!

Mutter: Und wenn die Kette verkratzt? Oder Jana die verliert? Was ist dann?!

Tochter: Dann ist sie halt weg. Du hast doch eh genug Zeug.

Mutter: Du hast leicht reden! Dir bedeutet die Kette ja nichts!

Tochter: Ich glaub, ich geh mal. Das wird mir hier zu anstrengend.

Das war ein Gespräch aus dem privaten Bereich. Vergleichbare Szenen lassen sich ohne Weiteres für jeden anderen Kontext finden, in denen Menschen gemeinsam leben oder arbeiten, und ich denke, dass den meisten von ihnen spontan zwei, drei Situationen einfallen werden. Wie weit solche Wertedebatten eskalieren können, zeigen Beispiele wie der Nordirlandkonflikt. Und es gibt kaum etwas, das Menschen so zornig werden lassen kann wie der – von vornherein vergebliche – Versuch, andere von der alleinigen und absoluten Richtigkeit ihrer eigenen Werte zu überzeugen. Werte sind nicht beweisbar. Schließlich handelt es sich bei ihnen um reine Gedankengebilde. Daher ist es wichtig, sich eines immer vor Augen zu halten:

Werte sind nicht nur Ansichtssache, sondern Glaubenssache.

Toleranz kann und darf an dieser Stelle nicht bedeuten, dem anderen einfach seinen Willen zu lassen. Nicht jedenfalls, wenn dadurch das eigene Leben und Handeln unbillig eingeschränkt wird. Auch im Unternehmen würden Sie es als Führungskraft ja nicht einfach hinnehmen, wenn ein Mitarbeiter auf die geforderte Ehrlichkeit pfeift.

Wie kann nun aber eine Lösung aussehen? Vielleicht möchten Sie zunächst selbst überlegen, was ein probates Vorgehen wäre oder wie Sie bislang mit solchen Situationen umgegangen sind:

Aufgabe 6: Was können Sie tun und was tun Sie konkret, damit andere Ihre Werte teilen?

An dieser Stelle erwartet Sie eine vielleicht bittere Wahrheit. Die Antwort auf die Frage, was man tun kann, damit andere die eigenen Werte teilen, lautet: Erst einmal gar nichts! Leider ist das gleichzeitig etwas, was die meisten von uns so schrecklich gern möchten. Das liegt daran, dass unser **Selbstwertgefühl** und unsere Werte sehr eng miteinander verbunden sind. Immerhin hängt daran ja der empfundene Sinn unseres Lebens. Daher empfindet man es als Angriff und als **Abwertung**, wenn andere unsere Werte – und damit in unserem Empfinden uns selbst – nicht anerkennen. Und der Haken an der Sache ist: Diese Erkenntnis gilt nicht nur für uns selbst, sondern auch für die Menschen, mit denen wir zu tun haben. In einer

Diskussion, in der sich die beiden Parteien gegenseitig ihre jeweiligen Wertvorstellungen als die allein richtigen und selig machenden vorhalten, kann es keine Gewinner geben. Genau wie über Geschmack lässt sich über Werte nicht streiten. Und wer in missionarischem Eifer anderen seine Werte aufdrängen oder gar aufzwingen will, erntet bestenfalls deren **offenen Widerstand**.

Erst wer im Gespräch gleichzeitig die Werte des anderen anerkennt und seine eigenen schlicht aus seiner Sicht erläutert, kann zumindest erreichen, dass das Gegenüber die eigene Sichtweise versteht und berücksichtigen kann – ohne sie jedoch in jedem Fall zu teilen. Interessanterweise entsteht gerade durch diese **Offenheit** eine neue Gemeinsamkeit.

Wie kann sich das nun in der Praxis anhören? Kommen wir noch einmal auf das Beispiel mit der verliehenen Kette zurück:

Mutter: Sag mal, hast Du meine blaue Halskette gesehen?
Tochter: Nö, ich glaub nicht.
Mutter: Die mit den dicken Perlen, die ich mir von Kreta mitgebracht habe.
Tochter: Ach, die! Die hab ich Jana geliehen.
Mutter: Also, da bin ich jetzt doch erstaunt.
Tochter: Ja?
Mutter: Ja. Es kränkt mich, wenn Du etwas, das mir wichtig und wertvoll ist, einfach wegnimmst.
Tochter: Hm. Naja, gedacht hatte ich mir das schon. Aber Jana wollte die Kette doch so gern haben. Und ich dachte, wenn ich Dich frage, sagst Du nein.
Mutter: Ja, das hätte ich wohl. Ich wäre sehr traurig, wenn der Kette etwas passiert.
Tochter: Aber was sollte ich denn machen?!
Mutter: Dir war ganz wichtig, Jana nicht zu enttäuschen.
Tochter: Ja. Die ist doch immer so leicht beleidigt, weißt Du. Und dann redet sie wieder tagelang nicht mit mir.
Mutter: Und dafür, dass sie weiter mit Dir redet, hast Du in Kauf genommen, dass ich ärgerlich oder traurig werde.
Tochter: Mhm.
Mutter: (*schweigt*)
Tochter: Naja, weißt Du, ich dachte, bis Du es merkst, ist die Kette längst zurück.
Mutter: Und das hat nicht geklappt.

Tochter: Ne, irgendwie nicht. Aber ich wollte nicht, dass Du traurig bist. Oder sauer. Echt!
Mutter: Und das hat auch nicht geklappt.
Tochter: Ach Mist. Ne, hat es nicht.
Mutter: Mhm.
Tochter: Und was mach ich jetzt?
Mutter: Ich denke, das weißt Du selbst am besten.
Tochter: Ja, schon. Ich ruf mal Jana an, dass sie nachher die Kette mitbringt, wenn sie kommt. Und … also … tschuldigung. Tut mir leid, mein ich. Und Du brauchst nicht ab jetzt alles einzuschließen. Ich nehm deine Sachen nicht mehr.

Wenn man analysiert, warum das Gespräch diesmal einen anderen Verlauf genommen hat, kommt man auf drei wesentliche Punkte.

(1) Zuerst hat die Mutter ohne Vorwurf deutlich gemacht, wo genau ihr Problem ist: „Es kränkt mich, wenn Du etwas, das mir wichtig und wertvoll ist, einfach wegnimmst.“
(2) Dann hat sie in aller Ruhe zugehört, um zu erfahren, was der Tochter wichtig war und warum sie so gehandelt hat: „Dir war ganz wichtig, Jana nicht zu enttäuschen.“ Das wird von ihr ebenfalls ohne Vorwurf akzeptiert.
(3) Und nachdem die beiden Seiten geklärt sind, stellt sie klar, wie und nach welchen Werten sich die Tochter entschieden hat: „Und dafür, dass sie weiter mit Dir redet, hast Du in Kauf genommen, dass ich ärgerlich oder traurig werde.“ Also – sicher aus unserer Sicht falsch verstandene – Freundschaft vor dem, was ich mal Achtung des Privateigentums nenne.

Am Ende stehen gegenseitiges Verständnis und die Einsicht der Tochter, dass es sich überhaupt um eine Entscheidung zwischen zwei Werten gehandelt hat. Das gibt der Tochter die Freiheit, ihr Handeln neu zu bewerten. In diesem Fall dürfte das Ergebnis ganz im Sinne der Mutter sein, da sie davon ausgehen kann, dass ihr Eigentum – und damit aus ihrer Sicht sie selbst – in Zukunft respektiert wird. Die gute Laune ist also auf beiden Seiten wiederhergestellt, ohne dass die Mutter ihre eigenen Bedürfnisse aufgeben („Na, gut, wenn's Dir so wichtig ist, dann lass Jana in Gottes Namen die Kette…“) oder ihren Status als Elternteil bemühen musste („Du

schaffst jetzt sofort die Kette wieder her, junge Dame! Sonst werde ich mir überlegen, ob Dein Sprachurlaub im Sommer nicht doch zu teuer ist!“). Natürlich ist dieser Erfolg nicht garantiert – Wertefreiheit einzuräumen bedeutet eben auch, dass der andere weiterhin zu seiner Entscheidung stehen kann. Aber dann ist der Boden bereitet für eine grundsätzliche Klärung, wie das gemeinsame Leben in Zukunft aussehen kann.

Diese innere Haltung zu erreichen und beizubehalten wird verständlicherweise umso schwieriger, je schwerwiegender der Wertekonflikt und seine Konsequenzen sind. Die einzige Alternative ist allerdings, sofern man die Macht dazu hat, die eigenen Interessen gegen den oder die anderen durchzusetzen. Dabei nimmt man dann in Kauf, dass sich das „Ober sticht Unter“-Prinzip genauso auch gegen einen selbst richten kann oder dass die Betroffenen auf Rache sinnen.

Auch im Firmenumfeld und anderen Organisationen stößt man tagtäglich auf vergleichbare Situationen. Gerade bei der Einführung von schriftlich niedergelegten Unternehmenswerten kann und sollte man diese Konflikte vorwegnehmen und berücksichtigen. Denn die persönlichen Werte der Mitarbeiter können den Werten, die den Regeln für das Handeln in der Gemeinschaft zugrunde liegen, entgegenstehen.

Aufgabe 7: Welche Beispiele für Wertkonflikte kennen Sie aus der täglichen Praxis und dem Unternehmensalltag?

Eventuell kommt Ihnen die folgende Situation bekannt vor:

Chef: Sagen Sie, Herr Roth, eben sprach mich der Vorstand an und gratulierte mir zu dem Abschluss des Vertrags mit der Firma Kuhn. Warum weiß ich davon gar nichts?

Roth: Ach, das hat sich günstig ergeben. Ich traf zufällig den neuen Produktionsleiter. Und der hat mir das freigegeben.

Vielleicht haben Sie ja Spaß daran, bei Gelegenheit zu überlegen, wie der Chef das Gespräch nun im Sinne einer Klärung des Wertekonfliktes weiterführen könnte.

In diesem Fall ist der Konflikt vielleicht noch nicht schwerwiegend. Im Arbeitsumfeld ebenso wie im Privaten muss aber auch – am besten vorab – klar sein, wo man auf die Grenze der Toleranz stößt. Spätestens bei Verstößen gegen Recht und Gesetz, eventuell aber schon lange vorher wird sich ein Unternehmen entsprechende **Konsequenzen** vorbehalten. Und auch aus einer Partei oder einem Verein kann man ausgeschlossen werden.

Ganz kompliziert wird es bei dem Thema Werte, wenn es um die **innere Widerspruchsfreiheit** geht.

Aufgabe 8: Sie haben in Aufgabe 2 fünf Werte ausgewählt. Welche anderen möglichen Werte stehen im Widerspruch zu diesen Werten und sind nicht gleichzeitig zu befolgen? Gibt es sogar innerhalb Ihrer fünf Werte solche Widersprüche?

Widersprüche innerhalb eines Wertesystems haben zwei Auswirkungen. Zum einen stehen sie der eingangs als notwendig beschriebenen Klarheit entgegen. Zum anderen verhindern sie, dass man selbst mit sich und seinen Handlungen zufrieden und im Reinen ist. Inkongruenz des eigenen Verhaltens führt immer zu einer Verringerung der Selbstachtung. Man kann eben nicht oder nur sehr schwer zwei Herren dienen. Und Werte wie Perfektion und Gelassenheit, Unabhängigkeit und Nähe oder Bequemlichkeit und Gesundheit lassen sich eben nicht ohne Weiteres parallel zueinander in die Tat umsetzen. Dabei ist auch zu berücksichtigen, dass wir uns als Gesamtpersönlichkeit wahrnehmen, also in der Gesamtheit unserer Handlungen in einer 168-h-Woche. Als Mitarbeiter eines Unternehmens sollte man sich daher – hier werden die Unternehmenswerte einmal aus der anderen Richtung betrachtet – auch fragen, ob man sich ruhigen Herzens mit dem dort Geforderten einverstanden erklären kann, auch wenn man persönlich abweichende Wertvorstellungen hat. Wird allerdings von einem gefordert, gegen die eigenen Überzeugungen zu handeln, stellt sich die Frage, ob man dort auf Dauer glücklich werden wird. Damit sind gar nicht unbedingt „unlautere" Anforderungen gemeint. Die sind eher selten. Es reicht schon, wenn ein Mensch, der sich als sehr innovativ begreift, in einem Unternehmen arbeitet, das für Traditionsbewusstsein und über Jahre bewahrte Kontinuität steht.

Kongruenz der Werte lässt sich für Privatpersonen wie für Organisationen oder Unternehmen herstellen, indem für bestehende Widersprüche geklärt und erklärt wird, welche Verhaltensweise erwünscht ist. Gewinnmaximierung und Kundenzufriedenheit sind nur schwerlich unabhängig voneinander zu erreichen. Drückt sich das aber in einem „für beide Seiten fairen und zufriedenstellenden Preis-Leistungs-Verhältnis" aus, wird schon deutlicher, was gemeint ist.

In diesem Kapitel haben Sie eine Reihe von Übungen kennengelernt, die sich mit Ihren persönlichen Werten beschäftigen. Dieselben Fragen in entsprechend modifizierter Form kann man sich auch stellen, wenn man die Werte für ein Unternehmen aufstellen möchte. Alles Weitere, die Unternehmensvision, Strategie und Ziele, Regeln und Kontrollmechanismen bauen dann auf dieser Grundlage auf.

4. Visionen und wie man sie formuliert

„Wenn das Leben keine Vision hat, nach der man strebt, nach der man sich sehnt, die man verwirklichen möchte, dann gibt es auch kein Motiv, sich anzustrengen."

Erich Fromm

Im vorangegangenen Kapitel wurde dargestellt, was bei der Auswahl und Festlegung von Unternehmenswerten beachtet werden kann. Ein Unternehmen braucht daneben eine **Vision**, daraus abgeleitete Strategien und konkrete Ziele. Erst über sie werden mittelbar auch die **ethischen Grundsätze** in Taten verwandelt. Wenn man hier einen Bruch zulässt, darf man sich nicht wundern, wenn die Ethikbroschüre eines bleibt, nämlich nur Papier. Darum wollen wir in den beiden folgenden Kapiteln klären, was sich genau hinter den Begriffen Vision, Strategie und Ziel verbirgt und welche Auswirkungen eine sorgfältige Ausarbeitung der Formulierung für die praktische Umsetzung hat.

In diesem Kapitel wird es dabei zunächst um die Unternehmensvision gehen. Das bedeutet übrigens nicht, dass man im Privatleben nicht ebenfalls Visionen, Strategien und Ziele hat und braucht. Ob Sie Ihre persönliche Lebensgestaltung, einen Hausbau oder nur das nächste Wochenende planen – auch dabei werden ebenfalls alle drei Komponenten eine Rolle spielen. Alles, was Sie im Folgenden in Bezug auf die Umsetzung in einem **Lebensbereich** lesen, lässt sich zum Glück nahtlos auch auf andere Bereiche übertragen.

Jedes Unternehmen, das etwas auf sich hält, kann heute eine Vision vorweisen. Es ist geradezu selbstverständlich geworden, eine zumindest mittelfristige Unternehmensstrategie und Ziele festzulegen. Dennoch gelingt es in vielen Fällen nicht, diese Vorgaben auch nur annähernd zu erreichen, oder, falls es doch gelingt, ist es das Ergebnis langwierigen „Steineklopfens" von Seiten der Unternehmensführung. Dabei kann man nun fragen, woran das denn liegen mag.

Lassen Sie uns zunächst einen Blick auf die **Unternehmensvision** werfen. Eine typische Vertreterin ihrer Art liest sich wie folgt:

Unsere VISION
Wir, die Shark AG, wollen:

1. In all unseren Kerngeschäften weltweit die Nummer Eins werden.
2. Unsere Profitabilität auf Weltniveau steigern.
3. In allen Märkten aktiv sein.
4. Nur die besten Mitarbeiter anziehen.

Vielen Lesern wird dieser Text in den meisten Punkten vertraut vorkommen.

Wo ist nun das Problem? Das Wort Vision stammt von dem lateinischen Ausdruck *videre* für sehen bzw. *visio* für Schau, Erscheinung. Und jetzt lesen Sie bitte die oben stehende Vision noch einmal und beobachten, was sich dabei vor Ihrem geistigen Auge abspielt. Wenn Sie nun nicht über eine besonders lebhafte Phantasie verfügen und einiges zu dem, was geschrieben steht, dazu erfinden werden Sie feststellen:

Sie sehen nichts.

Eigentlich ist eine Vision dazu da, den Beteiligten – in einem Unternehmen also den Mitarbeitern – ein **Bild** davon zu vermitteln, wie die **Zukunft** aussehen soll. Das macht deshalb Sinn, weil unser **Unterbewusstsein** hervorragend auf Bilder reagiert. Und diese Bilder einer wünschenswerten Zukunft lösen im Gehirn das in diesem Kontext wichtigste Gefühl aus: Freude oder sogar **Begeisterung**. Von einer Vorstellung begeistert zu sein und eben auch andere zu begeistern ist ein grundlegendes Prinzip der Führung. Wir werden das im Zusammenhang mit Zielen im nachfolgenden Kapitel noch eingehender diskutieren. Jedenfalls gilt bei der Vision wie überall die alte Regel

„Ein Bild sagt mehr als tausend Worte“

In diesem Zusammenhang wird gern *Antoine de Saint-Exupéry* zitiert: „Wenn Du ein Schiff bauen willst, so trommle nicht Männer zusammen, die Holz beschaffen, Werkzeuge vorbereiten, Holz bearbeiten und zusammenfügen, sondern lehre sie die Sehnsucht nach dem weiten, unendlichen Meer.“ Hier wird deutlich, wie vor dem geistigen Auge ein Bild entsteht, das geradezu soghaft ins Handeln führt.

Wenn nun aber eine Vision gar kein Bild vermittelt, sondern – ja, was eigentlich genau? – eine Art theoretischer Absichtserklärung, dann bleibt der erhoffte motivierende Effekt auf das Unterbewusstsein aus.

Es ist immer wieder erstaunlich, wie sehr sich Unternehmensvisionen ähneln, völlig unabhängig davon, was dieses Unternehmen produziert. Da wollen viele „weltbester Zulieferer“ sein, andere wollen einen „Service, der die Erwartungen der Kunden übertrifft“ und irgendwie fertigen alle nach höchsten Qualitätsmaßstäben und außerordentlich zuverlässig. Jetzt könnte man nebenbei noch diskutieren, wie viel Sinn es macht, wenn jeweils die ersten fünf Unternehmen einer Branche sich vornehmen, in den nächsten fünf Jahren die Nummer eins zu werden. Das bedeutet einerseits, dass vier von den Fünfen notgedrungen scheitern werden, und andererseits, dass dabei eine Menge Druck innerhalb der Unternehmen und im Markt erzeugt wird. Dieser Druck ist in Maßen genossen der Motor von Innovation. Im Übermaß füllt er allerdings nicht nur die Kassen des Unternehmens, sondern ebenso schnell auch die Reihen der Mitarbeiter in der inneren Kündigung, die Burnout-Kliniken und die Wartebänke der Arbeitsämter.

Daran wird deutlich, dass die klassische Definition unter ethischen Gesichtspunkten zu kurz greift. Danach stellt eine Vision lediglich eine Beschreibung dar, wie etwas in Zukunft sein soll. Besonderer Wert wird dabei auf die Darstellung der langfristigen Unternehmensentwicklung gelegt, die eine Orientierung für die daraus abzuleitende Strategie bildet. Begnügen wir uns mit einer derart wertfreien Begriffsbestimmung, dann wird auch unlauteren, menschenverachtenden oder sogar totalitären Bestrebungen Tür und Tor geöffnet, nach dem Motto: Hauptsache visionär.

Von einer „guten" Vision erwarten wir mehr, nämlich, dass sie **moralisch gerechtfertigt** ist. Was uns automatisch zu der Frage bringt, was denn „richtiges" Handeln sei. Uns scheint ein philosophischer Rückgriff auf *Immanuel Kant* passend, der als höchstes Prinzip der Moral fordert: „Handle so, dass die Maxime (= subjektive Verhaltensregel) deines Willens jederzeit zugleich als Prinzip einer allgemeinen Gesetzgebung gelten könnte." Neben dieser Formel aus der „Kritik der praktischen Vernunft" heißt es in seiner „Grundlegung zur Metaphysik der Sitten": „Handle so, dass du die

Menschheit sowohl in deiner Person als in der Person eines jeden andern jederzeit zugleich als Zweck, niemals bloß als Mittel brauchst." Umgangssprachlich sagen wir dazu: „Was du nicht willst, dass man dir tu, das füg' auch keinem andern zu."

Es ist bemerkenswert, dass alle großen Religionen dieser Erde diese **Goldene Regel** kennen. Auch in den Zehn Geboten wird nicht nur das Verhältnis des einzelnen Menschen zu seinem Gott beschrieben, sondern auch, wie die sozialen Beziehungen untereinander zu gestalten sind. Wobei sich alle dementsprechenden Gebote letztlich zur Goldenen Regel zusammenfassen lassen. Und man braucht für deren Befolgung nicht einmal den Glauben an einen Gott. Sie funktioniert auch ohne Religion.

Legen wir also unseren ethischen Maßstab an eine Unternehmensvision an, dann müssen wir stets die Auswirkungen innerhalb und außerhalb des Unternehmens berücksichtigen. Auch wenn es sich für Sie zunächst weltfremd anhören mag: Ein erstes simples **Prüfkriterium** für moralisch einwandfreie Visionen besteht darin, sich vorzustellen, der Wettbewerb möge mit der gleichen Formulierung antreten. Darüber hinaus empfiehlt es sich, falls man selbst eine Vision entwickelt, die auch andere betrifft, sich in eben diese anderen einmal hineinzuversetzen und sich vorzustellen, wie die Welt mit deren Augen aussieht. „Schadet es jemandem, und wenn ja, wem?" sollte zur Standardüberprüfung einer Vision gehören. Unternehmerisches Handeln heißt nun nicht, dass man nichts tun wird, was neben dem **Nutzen** auch **negative Auswirkungen** hat. Es gilt nur, vorher abzuwägen, ob diese Nachteile unvermeidbar, durch den Nutzen gerechtfertigt und vor allem moralisch akzeptabel sind. Ein Nachteil für sich selbst, den man sehenden Auges in Kauf nimmt, ist dabei immer weniger kritisch zu sehen als ein Nachteil für andere, die womöglich nicht einmal die Wahl haben.

Kommen wir nun zu der konkreten Ausgestaltung und der Frage, wie sich eine Vision so formulieren lässt, dass jeder weiß, woran er ist und im besten Fall spontan „ja" dazu sagt. Im Folgenden haben wir fünf Regeln aufgestellt, die Ihnen dabei helfen können, eine **psychologisch wirksame Vision** zu formulieren. Dabei werden Sie möglicherweise feststellen, dass sich auch für Sie selbst erst in diesem Prozess klärt, wie Ihre eigenen Vorstellungen von der Zukunft in Ihrem Kopf genau aussehen. Diese Vorstellungen sind nämlich selten so klar, wie wir glauben. Und manchmal erlebt man, wie das folgende Beispiel zeigt, sogar eine Überraschung.

Der Klient im folgenden Gesprächsausschnitt leitet die IT-Abteilung eines mittelständischen Pharmabetriebes.

[…]

Klient: Und deshalb habe ich meinen Leuten das auch ganz deutlich gesagt. An der ERP-Einführung geht für uns kein Weg vorbei. Ganz egal, wie ihr murrt. Meine Vision ist, dass wir bis Jahresende das alte System verschrottet haben.

Coach: Und von Seiten Ihrer Mitarbeiter regt sich Widerstand.

Klient: Ja! Ich weiß gar nicht, was die haben. Das muss doch zu schaffen sein!

Coach: Dieses Zögern Ihrer Mitarbeiter macht Sie, so scheint es, recht ärgerlich.

Klient: In der Tat! Ich seh' das überhaupt nicht ein. Ich meine, der Weg ist doch klar. Ich versteh nicht, warum die an dem alten Kram so hängen. Selbstprogrammiert! Wenn ich das schon höre!

Coach: Für Sie ist die Sache klar.

Klient: Ja, für mich ist die Einführung unumgänglich. Sie wissen doch: You never get fired for buying ERP.

Coach: Das klingt jetzt fast so, als ob es Ihnen vordringlich um Sicherheit bei der Entscheidung geht.

Klient: Äh, wie? Was meinen Sie damit?

Coach: Ihre Vision ist: Sie bekommen keinen Ärger.

Klient: Hm …

Coach: Und da stellt sich mir die Frage: Welche Vorstellung verbinden Sie mit der Einführung der neuen Software? Wenn Sie sagen, Sie bekommen keinen Ärger.

Klient: Naja … jetzt, wenn ich so recht drüber nachdenke … Eigentlich verbinde ich mit der neuen Software selbst gar nichts. Das ist im Grunde nur Arbeit.

Coach: Sie sagen: im Grunde.

Klient: Ach, wissen Sie … meine Mitarbeiter haben ja nicht so unrecht. Wir sind so klein. Aber ich habe da halt diese Vorstellung …

Coach: Hmhm.

Klient: … naja … Gott, ist das peinlich! Also, wenn ich ehrlich sein soll, ich stell mir einfach immer vor, wie ich am Jahresende in das Büro des Geschäftsführers gehe und ihm sage: „Chef, es ist vollbracht!"

Coach: Und für diesen einen Augenblick wollen Sie das ganze Riesenprojekt in Angriff nehmen. Das gar nicht so viel Sinn macht.

Klient: Tja. Kann man wohl so sehen.

Coach: Und in Ihrer Vorstellung lobt Sie dann der Geschäftsführer nach Strich und Faden für Ihren tollen Einsatz und das großartige Ergebnis.

Klient: Öh. Also, in meiner Vorstellung schon. Aber, naja, wenn ich so zurückblicke auf frühere Projekte ... wird er sich vermutlich eher darüber beschweren, was das alles gekostet hat und was alles noch nicht läuft.

Coach: Klingt nicht sehr attraktiv.

Klient: Nein, nicht wirklich!

Coach: Die Frage ist jetzt ja eher, welche anderen Möglichkeiten es für Sie noch gibt, Ihre Vision zu erreichen, dass der Geschäftsführer Sie lobt. Und Ihre Abteilung.

Klient: Hm. Ja, lassen Sie mich mal überlegen ...

Dieses Beispiel macht deutlich, dass es durchaus möglich ist zu glauben, man habe eine bestimmte Vision. Aber erst, wenn man sich das eigene innere Bild wirklich konkret anschaut, kann man feststellen, was darauf zu sehen ist. Und bei Bedarf Korrekturen vornehmen, denn sonst hat unsere Vorstellung im wahrsten Sinne des Wortes einen eigenen Kopf. Auch zum Thema Strategie und Umsetzung gibt es hier einiges zu sagen, aber dazu später mehr.

Doch wie formuliert man nun die einmal gefundene Vision so, dass sie auf einen selbst und auf andere begeisternd und handlungsleitend wirkt?

Regel 1: Verwenden Sie konkrete Begriffe, die eine bildhafte Vorstellung nahe legen.

Das klingt leichter gesagt, als getan. Wir sind so sehr daran gewöhnt, uns sprachlich auf einem hohen Abstraktionsniveau zu bewegen, dass wir uns geradezu sprachlos fühlen, wenn wir etwas anschaulich erläutern sollen. Besonders deutlich wird das jedem, der sich bemüht, die Fragen von kleinen Kindern verständlich zu beantworten.

Nehmen Sie einmal die folgende Aussage: „Wir erreichen die totale Marktdurchdringung". Um diese Vision bildhafter zu beschreiben, reicht der knappe Inhalt des Satzes gar nicht. Zunächst wird man sich Gedanken darüber machen müssen, was das denn nun in Wirklichkeit bedeuten soll. Vielleicht heißt die konkretere Formulierung dann „In drei Jahren werden 51 % aller Kfz-Werkstätten mit unserem Messgerät arbeiten". Dabei sieht man dann vor seinem geistigen Auge vielleicht einen Mechaniker, der gerade das Messgerät auf der Werkbank liegen hat. Oder etwas Ähnliches. Aber man sieht etwas, und das ist entscheidend.

Sehr hilfreich kann dabei die Vorstellung sein, man würde die eigene Vision verfilmen, und zwar wie die alten Super-8-Filme ohne Ton. Die Frage lautet dann jeweils, was auf dem Film zu sehen sein soll und ob die Zuschauer auch die Bedeutung verstehen.

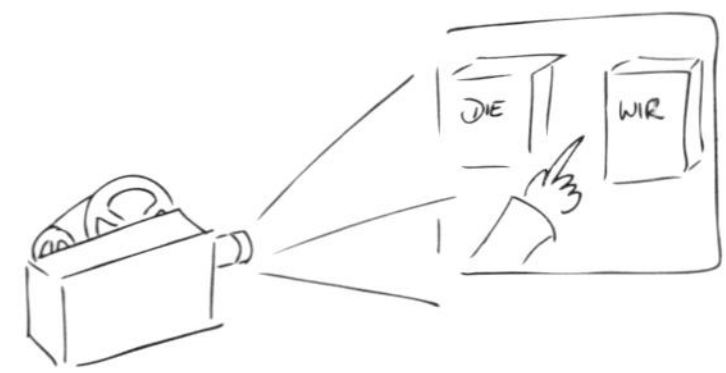

Dieses Beispiel lehrt aber noch etwas anderes, nicht ganz so Offensichtliches. Und zwar haben bestimmte Formulierungen, die sich regelmäßig in Unternehmensvisionen einschleichen, unterschwellige Anklänge an die Sprache des Nationalsozialismus. Sie werden sicher sofort zustimmen, wenn wir sagen, dass es das zu vermeiden gilt. Unterschwellig hört unser kollektives Unterbewusstsein bei *totaler* Marktdurchdringung den damaligen Reichspropagandaminister sprechen. Oder denken Sie einmal an das Wort „Endziel" mit seinen Anklängen an Endsieg und Endlösung. Auch sonst findet sich in Visionen, aber auch in Strategien und Zielen die eine oder andere eher kriegerische Formulierung. Da werden Außendienstmitarbeiter an die Front geschickt, eine Generaloffensive angekündigt, neue Märkte erobert, oder es wird auf Kundenkreise gezielt. Diese Ausdrücke sind zwar bildhaft, aber unter unternehmens**ethischen** Gesichtspunkten höchst fragwürdig, da sie ein menschenfeindliches Bild vermitteln, das unbewusst wirksam wird. Und ob wir wollen oder nicht: Menschen stellen sich automatisch etwas vor, wenn die Sprache ihnen bildhafte Ausdrücke anbietet. Und wir dürfen uns nicht wundern, wenn Mitarbeiter, die an die Front geschickt werden sollen, danach trachten, so rasch wie möglich in Deckung zu gehen. Wenn Sie bei Gelegenheit darauf achten, werden Sie vielleicht noch weitere Ausdrücke dieser Art bemerken.

Begriffe auszuwählen, die eine bildhafte Vorstellung erzeugen, – das allein reicht eben nicht. Man sollte auch genau betrachten, **was** auf dem Bild zu sehen ist und prüfen, ob es mit den eigenen Werten und der goldenen Regel in Einklang steht.

Der Weg von der gewohnten abstrakten zur zunächst vielleicht ungewohnten bildhaften Ausdrucksweise bedarf einigen Umdenkens. Sind wir doch zumeist geradezu darauf trainiert, möglichst abstrakt zu sprechen, da diese Art des Ausdrucks als wissenschaftlich und als Zeichen von Bildung gilt. Darum laden wir Sie ein, das einmal konkret auszuprobieren.

Aufgabe 1: Suchen Sie für die folgenden abstrakten Formulierungen aus typischen Visionen eine analoge anschauliche Entsprechung:

Abstrakte Formulierung	**Ihr Vorschlag für eine anschaulichere Formulierung**
(1) Wir bieten umfassende Mobilität.	
(2) Uns gelingt ein innovativer Durchbruch.	
(3) Wir erreichen optimale Liefertermingenauigkeit.	
(4) Wir verwirklichen Kundenbegeisterung.	

Das Ergebnis dieser Übung hängt natürlich davon ab, welche zusätzlichen Fakten Sie für das Beispiel „dazu erfunden“ haben, um überhaupt konkret werden zu können. Auch das allein ist schon ein sicheres Zeichen dafür, wie nichtssagend und beliebig diese Beispielsätze sind. Im Folgenden finden Sie jeweils unseren Vorschlag als eine Möglichkeit für eine Umformulierung:

(1) Wir bieten umfassende Mobilität:
Wir stellen für jede beliebige Entfernung ein geeignetes Fortbewegungsmittel her, vom Cityroller bis zum Düsenjet.

Bei einem bedeutenden Automobilhersteller lautete die entsprechende Vision einmal: „Ich möchte erreichen, dass jeder Amerikaner ein eigenes Auto hat.“

(2) Uns gelingt ein innovativer Durchbruch:
Wir entwickeln und produzieren einen Antrieb, der nur 50 % des bisherigen Energiebedarfs benötigt.

Unvergessen ist zum Thema Innovation die Vision von *J. F. Kennedy* „Wir bringen einen Mann auf den Mond.“

(3) Wir bieten optimale Liefertermingenauigkeit:
Wir liefern unsere Produkte punktgenau aus, so dass der Kunde sie direkt nutzen kann.

Eine anspruchsvolle Vision findet man bei einem bekannten Pizzaservice: „Sie bekommen Ihre Pizza in 30 Minuten, egal wo sie wohnen.“

(4) Kundenbegeisterung:
In zwei Jahren werden ¾ unserer Kunden bei der Zufriedenheitsnachfrage ankreuzen, wir haben ihre Erwartungen übertroffen.

Sehr viel enthusiastischer liest sich das bei einem bekannten Sportartikelhersteller: „Wie helfen Sportlern Gewinner zu sein.“

Dasselbe Prinzip lässt sich für viele weitere Lebensbereiche anwenden. Im Protokoll der Vorstandssitzung eines kleinstädtischen Tennisvereins findet sich zum Beispiel der folgende Absatz:

„*Beschluss:* Der Vorstand wird darauf hinwirken, dass sich ab sofort kein Mitglied des Vereins mehr seiner in der Vereinssatzung niedergelegten Pflicht zur jährlich anstehenden Gemeinschaftsleistung entzieht.“

Auch hinter diesem Text, selbst wenn er nicht so heißt, verbirgt sich eine Vision, nämlich eine Absichtserklärung für etwas in der Zukunft zu Erreichendes. Aber Hand aufs Herz: Würden Sie sich als Mitglied jetzt sogleich in Ihre Arbeitskleidung stürzen und zum Tennisplatz eilen? Vermutlich eher nicht. So liest sich das Ganze nun in konkreter Form:

„*Beschluss:* Der Vorstand wird darauf hinwirken, dass sich ab sofort kein Mitglied des Vereins mehr seinen 12 Stunden Gemeinschaftsarbeit entzieht. Insbesondere fehlen mehr Erwachsene für die Fahrdienste. Ein weiteres Problem ist die Vernachlässigung der Reparatur- und Gartenarbeiten, die bei weiteren Mängeln extern vergeben werden müssten."

Besser, aber nicht wirklich inspirierend. Bis zu einer wirklichen Vision ist es offenbar ein weiter Weg. Woran aber liegt es, dass ein die Vorstellung ansprechender Text allein nicht ausreicht? Das bringt uns direkt zu:

Regel 2: Formulieren Sie Ihre Vision *positiv*. Verwenden Sie *aktive* Verben sowie *absolute* Aussagen.

Unser Gehirn reagiert auf Verneinungen widersprüchlich. Das liegt daran, dass unsere Vorstellungs- und Wahrnehmungswelt in der rechten, die Sprache dagegen in der linken Gehirnhälfte verarbeitet wird. Ungeachtet einer klar formulierten Negation macht sich unsere rechte Gehirnhälfte *doch* ein Bild. Das hat man sich in etwa so vorzustellen, dass ein Vorsatz der Art „In den nächsten sieben Wochen trinke ich kein Glas Wein" wie folgt aufgeteilt wird:

Die rechte Gehirnhälfte – zuständig für die Bildverarbeitung – stellt sich ein schönes Glas Weiß- oder Rotwein vor, während die linke Gehirnhälfte – die mit der Textverarbeitung – dazu „Nein, nein, nein!“ ruft. Handlungsleitend für unser Unterbewusstsein wirkt aber leider vorrangig die rechte Gehirnhälfte, also die mit dem Glas Wein. Mit den bekannten Folgen.

Das gilt sowohl für die direkten Verneinungen des „nicht“, „kein“ und „ohne“, als auch für die Verben des Vermeidens („meiden“, „unterlassen“, „abwenden“, „hemmen“, „verringern“ etc.). Auch der Vergleich zieht in unserer rechten Gehirnhälfte eine Vorstellung vom zu Vergleichenden nach sich. Die Aufforderung: „Wir wollen kostengünstiger produzieren“ hebt unabsichtlich die momentanen Produktionskosten hervor, wofür es eine konkrete Vorstellung gibt, während der gewünschte Zustand des „weniger Kosten“ schlecht vorstellbar ist.

Wir können das Vorstellungsvermögen unterstützen, indem wir die Verben im Aktiv verwenden. Wir neigen im Deutschen dazu, unpersönlich und allgemein zu formulieren. Doch wenn sich niemand angesprochen fühlt, zielt die Vision ins Leere. So klingt der Satz „Unsere Profitabilität wird auf Weltniveau gesteigert“ zwar visionär, aber wer diese Steigerung wodurch zustande bringen wird, ist unklar, und letztlich bleibt das Wort „Weltniveau“ unvorstellbar.

Auch wenn es Ihnen technisch erscheinen mag, bieten wir Ihnen für diese Regel eine kurze Umformulierungsübung.

Aufgabe 2: Wandeln Sie die Beispiele in positive, aktive, absolute Aussagen um.

Allgemeine Aussage	Ihr Vorschlag für eine Neuformulierung
(1) Durch eine verbesserte Fertigung wird eine höchstmögliche Zuverlässigkeit gewährt.	
(2) Wir reduzieren die Mitarbeiterfluktuation drastisch.	

Allgemeine Aussage	**Ihr Vorschlag für eine Neuformulierung**
(3) Unser geplantes Wachstum geht nicht zu Lasten der Rendite.	
(4) Wir wollen nicht gut sein, sondern besser.	

Betrachten Sie bitte unsere Formulierungsvorschläge als eine von vielen Möglichkeiten.

(1) Durch eine verbesserte Fertigung wird eine höchstmögliche Zuverlässigkeit gewährt.
Bei uns sind nach dem Umbau der Maschine 100 % der Lieferungen spezifikationsgerecht.

(2) Wir reduzieren die Mitarbeiterfluktuation drastisch.
Unsere Mitarbeiter bleiben im Unternehmen.

(3) Unser geplantes Wachstum geht nicht zu Lasten der Rendite.
Wir investieren in unsere Anlagen, um die Produktionsmenge in den kommenden zwei Jahren um 10 % zu steigern und erreichen dabei die gleiche Rendite wie heute.

(4) Wir wollen nicht gut sein, sondern besser.
Wir setzen uns klare und herausfordernde Ziele.

Kommen wir noch einmal auf den Tennisclub zurück. Sich *nicht* dem Gemeinschaftsdienst zu *entziehen,* ist eine ehrenwerte Forderung. Allein, der Text ist eher geeignet, ein Bild davon zu erzeugen, wie man sich geschickt davonstiehlt, um es sich daheim auf der Terrasse gemütlich zu machen.

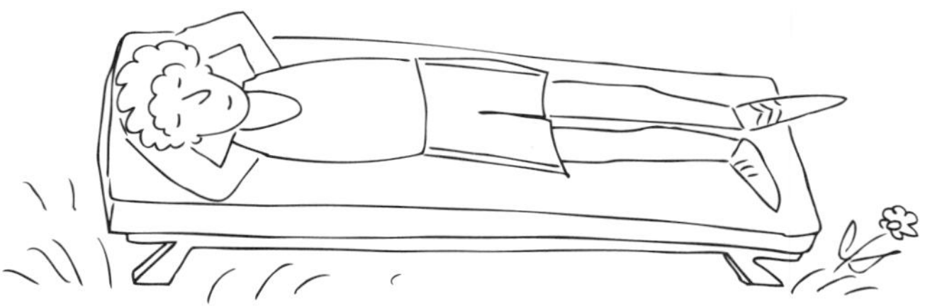

Auch „mehr Erwachsene“ für den Fahrdienst sagt nicht allzu viel über den tatsächlichen Bedarf. Ein weiterer Fahrer wäre ja auch schon „mehr“, warum sich also freiwillig melden?

> „*Beschluss:* Der Vorstand wird darauf hinwirken, dass ab sofort jedes Mitglied des Vereins seinen 12 Stunden Gemeinschaftsarbeit nachkommt. Insbesondere ist es wünschenswert, wenn sich noch 5–6 Erwachsene als regelmäßige Fahrer für die Kinder- und Jugendmannschaften zu auswärtigen Punktspielen melden. Auch für die anstehenden Reparatur- und Gartenarbeiten suchen wir Freiwillige, damit wir die Arbeit intern leisten können.“

Vielleicht sind Sie auch der Ansicht, dass sich die Vorstellung, die dieser Text vermittelt, langsam verändert. Man sieht sich beim Lesen nicht mehr im Liegestuhl, sondern am Steuer eines Wagens auf dem Weg zum Tennisturnier oder beim Rasenmähen auf dem Clubgelände. Für wen das bereits eine angenehme Vorstellung ist, der wird jetzt vielleicht zum Hörer greifen oder dem Vorstand beim nächsten Treffen Hilfe anbieten.

Der eine oder andere wird jetzt vielleicht denken: „Was soll das heißen, angenehme Vorstellung?! Steht doch in der Satzung, dass man das machen muss. Wozu soll ich mir so viel Mühe beim Formulieren geben?“ Der Unterschied besteht dabei im Tennisverein wie im Unternehmen vor allem darin, ob Sie den Karren auch in Zukunft allein am Rollen halten oder ob er von selbst fährt. Damit kommen wir zu:

Regel 3: Sprechen Sie das Gefühl der Adressaten positiv an. Gute Visionen sind hochgradig emotional.

So wichtig eine bildhafte, positive und aktive Sprache ist: Eine wirkungsvolle Vision benötigt noch mehr. Die „traumhafte“ Vorstellung von der Zukunft soll ja nicht nur uns selbst Klarheit und Richtung für unser Handeln und Denken geben, sondern wir wollen damit andere begeistern.

Eine Vision ist daher erst „richtig gut“ formuliert, wenn einem beim Lesen vor innerer **Berührung** oder vor **Vorfreude** das Herz aufgeht und die Augen feucht werden. Je nachdem, wie groß der Traum ist, muss man also seine Worte entsprechend wählen, wobei für die

Bewältigung der ersten Mondlandung vermutlich mehr **Begeisterung** notwendig ist als für das Erreichen eines Monatsplans.

Das bedeutet aber auch, dass die Formulierung einer Vision ein gehöriges Maß an **Mut** erfordert, nämlich an Mut darin, Emotionen zuzulassen. Im Sport und in der Freizeit, im ehrenamtlichen und karitativen Bereich wird das gerade noch akzeptiert, während starke Emotionen im Geschäftsleben gern ausgeklammert werden. Immerhin ist eine der häufigsten Rückmeldungen von Vorgesetzten gerade an junge Mitarbeiter, sie seien „zu emotional" – eben weil sie ihre natürliche Begeisterung und die dazu gehörende Enttäuschung noch mit in die Firma bringen, anstatt sie sorgfältig zu verbergen oder gleich abzulegen.

Hinter einer wirklich „visionären" Vision verbergen sich daher in der Regel Unternehmenslenker und Führungsteams, die sich mit ihrer persönlichen Wunschvorstellung von der Zukunft ans Licht der Öffentlichkeit trauen und dazu stehen. „Die Mitarbeiter sind unser wichtigster Produktionsfaktor" berücksichtigt zwar die Anforderungen der Regeln 1 und 2, aber wirklich erfüllend klingt das nicht. Das kann im Prinzip jeder schreiben.

Ganz anders klingt dagegen Folgendes: „Unser Unternehmen ist dazu da, den Menschen, die darin arbeiten, einen Sinn für ihr Leben zu geben“.

Doch wie findet man nun die Formulierung, die die Emotionen in der gewünschten Weise anspricht? Eine Hilfe ist dabei, sich im Vorhinein zu vergegenwärtigen, welche Emotionen man überhaupt ansprechen möchte, beziehungsweise für bereits ausformulierte Visionen zu prüfen, welche man angesprochen hat.

Betrachten wir noch einmal das erste Beispiel vom Beginn dieses Kapitels. Dort hieß es: „Wir wollen weltweit die Nr. 1 werden“ und „... unsere Profitabilität auf Weltniveau steigern“. Welches Gefühl soll dabei angesprochen werden? Am ehesten kommt vielleicht Selbstbewusstsein in Frage, bei einem Unternehmen zu arbeiten, das Weltklasse ist. Ganz anders die Vision „Wir helfen Sportlern Gewinner zu werden“, die einerseits den persönlichen Ehrgeiz des Kunden anspricht und eine Wunschvorstellung suggeriert, für die es sich lohnt sich anzustrengen, und andererseits den Stolz der Mitarbeiter beflügelt.

Auf dem Weg dorthin gilt es allerdings, sozusagen dichterisch tätig zu werden. Dazu versucht man am besten, möglichst genau herauszuarbeiten, was die Vision inhaltlich und vor allem emotional ausdrücken soll. Dann braucht man nur noch einen guten Einfall für einen Text. Testen kann man seine Vision daran, ob sie den Leser wirklich berührt und bei ihm möglichst sogar körperliche Reaktionen auslöst wie, dass einem beim Lesen „Schauer über den

Rücken laufen“. Wir nennen das den **„Gänsehaut-Test“**. Dazu kann man beispielsweise ausgewählte Betroffene befragen, welche Bilder und Gefühle das Statement in ihnen auslöst, und sie bitten, ihre subjektive Einschätzung des Gänsehaut-Faktors auf einer Skala von 1–10 einzutragen.

Auch hier bieten wir Ihnen eine Übung an, in der Sie ausprobieren können, emotional ansprechend zu formulieren. Die Beispiele sind übrigens die „trockenen“ Fassungen tatsächlich existierender Unternehmensvisionen, die Sie dann im Anschluss als Auflösung finden.

Aufgabe 3: Die folgenden Beispielvisionen wirken eher trocken und emotionslos. Welche Gefühle können angesprochen werden? Lassen Sie Ihrer Phantasie beim Umformulieren freien Lauf!

Ausgangsversion	Gefühle, die angesprochen werden können	Ihr Vorschlag für eine Umformulierung
(1) Die Massenherstellung von Autos ist unser Geschäft.		
(2) Wir sind weltweit führend in Gastronomie und Hotelgewerbe.		
(3) Wir entwickeln Befestigungsmöglichkeiten für jeden Anspruch.		
(4) Wir produzieren gute Unterhaltung für jedermann.		

(1) Die Massenherstellung von Autos ist unser Geschäft.

„Wir bauen ein Auto für jedermann. Es wird groß genug für eine Familie sein, aber nur so groß, dass ein Unerfahrener es bequem bedienen und pflegen kann, und es ist gleichzeitig so leicht, dass sein Verbrauch begeistert." (Henry Ford)

(2) Wir sind weltweit führend in Gastronomie und Hotelgewerbe.

„Menschen fern von Zuhause das Gefühl geben, dass sie unter Freunden und von Herzen willkommen sind."(Marriott)

(3) Wir entwickeln Befestigungsmöglichkeiten für jeden Anspruch.

„Unsere Befestigungssysteme bieten ein weltweit einzigartiges Komplettsortiment in den Bereichen Kunststoff-, Stahl- und chemische Befestigungen sowie Zusatzsortimente für Profis und Heimwerker." (Fischer)

(4) Wir produzieren gute Unterhaltung für jedermann.

„Wir setzen unsere Phantasie ein, um Millionen von Menschen glücklich zu machen." (Walt Disney)

Auch der Vorstand des Tennisclubs aus unserem Beispiel hat sich an eine Neuformulierung gewagt. Das liest sich jetzt so:

„*Beschluss:* Wir sind ein Verein, der auf Basis des Gemeinschaftssinns seiner Mitglieder funktioniert. Jeder leistet seinen Beitrag von 12 Stunden im Jahr und gern auch mal freiwillig mehr. Besonderes Gewicht erhält die Jugendarbeit. Dazu gehören auch Punktspiele und Turniere. Jeder Erwachsene ist bereit, diese Aktivitäten zu unterstützen; beispielsweise stehen für die entsprechenden Fahrten regelmäßig 5–6 Erwachsene bereit. Unsere Grünanlagen sind eine Augenweide. Wir pflegen und gestalten sie selbst und sind stolz darauf. Wir fragen nicht lange: Wir handeln, wenn wir und unsere Fähigkeiten gebraucht werden."

Das fühlt sich doch gleich ganz anders an. Nun muss man sich nicht mehr an eine unliebsame Aufgabe erinnern lassen, die einen von der eigenen Freizeit abhält. Jetzt kann man sich, wenn man seinen Beitrag leistet, gut fühlen, da man Gemeinschaftssinn beweist. Und auf das auf diesem Weg zusammen Erreichte stolz sein. Das ist natürlich immer noch keine Garantie für eine hundertprozentige Beteiligung, aber die lässt sich ohnehin weder mit der besten Vision der Welt noch mit dem schärfsten Wachhund der Welt erreichen.

Eine weitere Möglichkeit, positive Emotionen anzusprechen und das Bild von dem, was man erreichen möchte, zu verstärken besteht in Folgendem:

Regel 4: Formulieren Sie im Futur II. Dadurch beschreiben Sie, wie es sein wird, wenn das Ergebnis bereits erreicht ist.

Sporttrainer nutzen eine derart emotionale Ansprache, wenn sie dazu auffordern, sich das Erreichen des Ziels vorzustellen. Auf dem Weg zur **Zielerreichung** lassen sich Strapazen ganz anders meistern, wenn man von der Vorstellung durchdrungen ist, am Ende das Siegertreppchen hinaufzusteigen, um die Goldmedaille in Empfang zu nehmen. Ebenso berichten Marathonläufer, dass sie die quälenden Selbstzweifel, die sich zwangsläufig nach 20 km einstellen, am besten bewältigen, wenn sie visualisieren, wie sie durchs Ziel laufen.

Nun stellt sich natürlich die Frage, warum das überhaupt funktioniert. Vieles von dem, was wir uns vornehmen, ist zunächst mit viel Arbeit und Mühe verbunden und jagt uns gelegentlich – auch wenn das die meisten niemals offen zugeben würden – eine gehörige Angst ein. Nahezu jeder Student beginnt beispielsweise seine Examensarbeit mit dem unguten Gefühl des „Werde ich das wohl schaffen? Und was, wenn nicht? Und was kommt danach???“ im Bauch. Sich also bildhaft vorzustellen, wie man „sein Examen macht“, ist in Wirklichkeit erst einmal gar keine angenehme Vorstellung und führt eher dazu, dass man die „übliche“ Verlängerung beantragen muss.

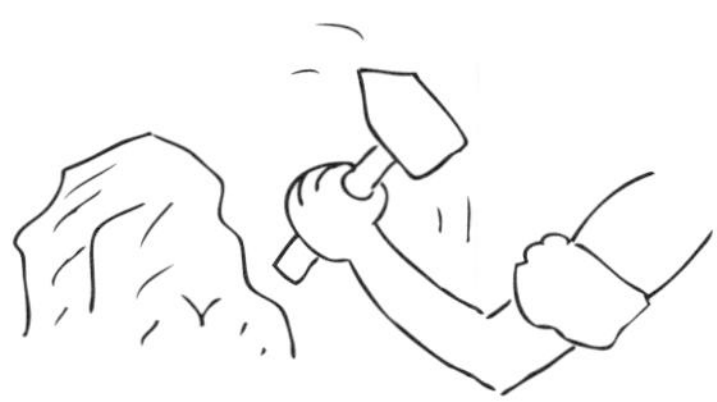

Dagegen ist das Bild davon, wie es sein wird, wenn man es geschafft hat, nicht nur mit Stolz, Triumph und Ähnlichem, sondern gleichzeitig auch mit der großen Erleichterung darüber verknüpft, dass tatsächlich alles

wie gewünscht gelaufen ist. Wenn Sie einmal Ihre Gefühle und Stimmung vergleichen zwischen „Im nächsten Jahr werde ich den Ärmelkanal durchschwimmen" und „Im nächsten Jahr stehe ich in England am Ufer und werde gerade den Ärmelkanal durchschwommen haben", wird – auch wenn Sie das in der Realität niemals vorhaben – ganz klar die zweite Vision die deutlich angenehmere sein.

Ebenso beschreibt eine Unternehmensvision, wie die **ideale Zukunft** aussehen wird. Dazu nutzen wir die Fähigkeit unseres Gehirns, uns in der Phantasie etwas so lebhaft vorzustellen, dass es für uns real wird. Unser Gehirn macht nämlich keinen Unterschied zwischen der physikalischen Realität, einer sogenannten Realität 1. Ordnung, und einer Imagination, einer Realität 2. Ordnung. Die Tränen, die jugendliche Leser bei Winnetous Tod vergießen, sind echt, obgleich alle wissen, dass diese Geschichte nur ausgedacht ist.

Daher strahlt eine ansprechende Vision **Zuversicht** aus. Dazu wird formuliert, wann das Ergebnis erreicht sein wird. Absichtserklärungen im Stile des „wir wollen", „wir sind bemüht", „wir setzten uns dafür ein" sind zwar Aufforderungen, schwächen aber aufgrund der mangelnden Gewissheit von vornherein die Begeisterung. Wichtig ist auch, dass ein konkreter Zeitpunkt genannt wird, wann diese Vision Wirklichkeit geworden sein wird.

Die Formulierung „wahrhaft traumhaft" macht dies sinnfällig deutlich. Ein Traum wird wahr, wird für wahr genommen. Das setzt nun noch voraus, dass die Wunschvorstellung zwar hoch gesteckt sein darf, aber einen nachvollziehbaren Bezug zur Realität haben muss, um – auch vom eigenen Unterbewusstsein

– ernst genommen zu werden. Vielleicht erinnern Sie sich, wie die FDP vor einigen Jahren mit der Vision angetreten war, bei der Bundestagswahl 18 % aller Stimmen zu erhalten. Der fehlende Realitätsbezug ließ von vornherein alle Bemühungen scheitern und provozierte viel Spott.

Aus dem Privatbereich kennen wir Visionen beispielsweise von den typischen Vorsätzen, wie man sie gern zum Jahresanfang formuliert. Da nimmt sich beispielsweise jemand vor, in Zukunft regelmäßig Sport zu treiben. Leider produziert unser Gehirn augenblicklich Bilder davon, wie man morgens im kuschligen Bett liegt und sich mühsam heraus quält. Man sieht sich trotz Regen und Kälte einen Hügel hochstrampeln und spürt wie frisch der Wind weht. Fußt dieser Entschluss dagegen auf der Vision eines gesunden, kräftigen Körpers mit guter Kondition und davon, wie es sich anfühlen wird, wie man schon seit Monaten jeden Morgen mit dem Fahrrad die 12 km zur Arbeit radelt und dass einem dieser tägliche Angang bereits selbstverständlich geworden ist, sieht die Sache gleich anders aus. Dann mobilisieren Sie Ihr Unterbewusstsein, das Sie bei der Umsetzung tatkräftig unterstützt.

Kommen wir wieder auf den Tennisclub zurück. Dort wurden zwar inzwischen Gemeinsamkeit und Stolz betont. Dennoch lag die Visualisierung noch stark auf der eigentlichen Handlung und nicht auf dem guten Gefühl des Erreichten. Nun wird man einen offiziellen Text immer ein wenig moderat formulieren, um alle Adressaten anzusprechen. Das liest sich dann beispielsweise so:

> „*Beschluss:* Wir sind ein Verein, der auf Basis des Gemeinschaftssinns seiner Mitglieder funktioniert. Am Jahresende werden durch den tatkräftigen Einsatz aller Mitglieder über die 12 Stunden hinaus alle Pläne umgesetzt sein. Besonderes Gewicht wird unsere Jugendarbeit erhalten haben. Auf der Weihnachtsfeier werden wir mit Freude auf die in diesem Jahr bei Punktspielen und Turnieren errungenen Erfolge zurückblicken. Jeder Erwachsene wird bereit gewesen sein, diese Aktivitäten zu unterstützen; beispielsweise standen für die entsprechenden Fahrten regelmäßig 5–6 Erwachsene bereit. Unsere Grünanlagen sind eine Augenweide. Wir werden sie selbst gepflegt und gestaltet haben und sind stolz darauf. Wir werden nicht lange gefragt haben: Wir haben gehandelt, wenn wir und unsere Fähigkeiten gebraucht wurden."

Wie Sie sehen, wird der Text von Schritt zu Schritt länger. Mit dem eigenen oder gar mit dem Unterbewusstsein anderer, wie es hier der Fall ist, zu kommunizieren, erfordert eben, dass man die Bilder im eigenen Kopf möglichst deutlich und umfassend in Worte kleidet. Dafür wird die in Version 3 der Vision durchaus noch enthaltene Vorstellung, dass man am Samstag in aller Frühe aufsteht, um eine Wagenladung aufgedrehter Zwölfjähriger zum Punktspiel nach Großkleckersdorf zu kutschieren und sich dort den Tag um die Ohren zu schlagen – und solche Tage wird es geben – abgelöst durch die Vorstellung, wie auf der Weihnachtsfeier alle gemeinsam stolz auf das vergangene Jahr zurückblicken. Und man selbst hat zu dem Erfolg beigetragen. Ein anstrengender Samstag ist da dann gern investiert.

In dieser Fassung deutet sich aber schon etwas an, nämlich dass Menschen eine gewisse Mühe nicht „ohne Grund“ auf sich nehmen. Für eine gute Vision fehlt daher noch etwas Entscheidendes.

Regel 5: Eine wirksame Vision ist sinnstiftend. Formulieren Sie den konkreten Nutzen für die Adressaten, sozusagen „Das höhere Warum“.

Ein zukünftiger, wünschenswerter Zustand wird erst dadurch erstrebenswert, dass er **Sinn** macht, dass er nützt. Nichts ist schlimmer, als wenn die ausformulierte Vision beim Adressaten lediglich ein Schulterzucken hervorruft, verbunden mit einem „Na und! Was habe ich davon?“ *Viktor Frankl*, der sich intensiv mit der Suche nach Sinn befasst hat, ist fest davon überzeugt, dass der Mensch nicht vom Willen zur Macht oder zur Lust durchdrungen ist, sondern vom Willen zum Sinn. Der Mensch ist darauf aus, Sinn zu finden und zu erfüllen. Dabei muss der Sinn nicht großartig sein: *Frankl* bringt das Beispiel eines Müllmannes, der das Bundesverdienstkreuz erhielt, weil er aus Sperrmüll Spielzeug heraussuchte, dieses in den Abendstunden reparierte und in der Folge an Bedürftige verteilte. So gelang diesem Mann, seiner Tätigkeit einen zusätzlichen Sinn zu geben.

Die Notwendigkeit eines Sinns formuliert *Albert Einstein* noch sehr viel krasser, wenn er sagt: „Der Mensch, der keinen Sinn für sein Leben gefunden hat, ist nicht nur unglücklich, sondern auch lebensunfähig."

So betrachtet trägt eine sinnstiftende Unternehmensvision direkt zum Überleben eines Unternehmens bei. Wem es dabei gelingt, einer Arbeit oder Aufgabe Sinn zu verleihen, macht Menschen sowohl glücklich als auch leidensfähig. Denn wer in seiner Arbeit Sinn sieht, erweist sich als frustrationstolerant: Er kann Opfer bringen – sei es für andere Menschen oder für Gottes Willen – und er kann Verzicht leisten um einer Sache Willen. Gern wird dazu das Beispiel der beiden Steinmetze an der Dombauhütte zu Köln erwähnt. Während der eine auf die Frage, was er da mache, erwidert: „Das sehen Sie doch, ich behaue Steine", antwortet der andere mit leuchtenden Augen: „Ich wirke am Bau dieses großartigen Domes mit." Auch wenn die Tätigkeit die gleiche bleibt, verändert sich der Blickwinkel, sobald die Arbeit in einen anziehenden, sinnerfüllten Rahmen gestellt wird.

Eine sinnstiftende Unternehmensvision drückt aus: Warum tun wir das, was wir heute tun? Und: Wo wollen wir in fünf bis zehn Jahren stehen und wozu? Sie dient nicht nur der Orientierung, sondern ermöglicht den Mitarbeitern, sich mit ihrem Unternehmen zu identifizieren, weil sie sich mit den dahinter stehenden Zielen verbunden fühlen.

Wer es nicht schafft, seine Vision in Einklang mit dem Sinn zu bringen, dessen Glaubwürdigkeit wird darunter leiden, und in dem Maße geht auch die Anziehungskraft der Vision verloren.

Wenn Sie möchten, können Sie das einmal für sich selbst ausprobieren. Sie haben sich ja aus gutem Grund für die Tätigkeit, die Sie heute ausüben, und das Leben, das Sie heute führen, entschieden.

Schritt 1: Beschreiben Sie nun, wo Sie von heute an gerechnet in zehn Jahren sein wollen.

Mit dieser Stufe finden Sie heraus, welchen Nutzen Sie den Tätigkeiten zuordnen, die heute Ihr Leben bestimmen. Beispielsweise haben Sie sich entschieden, neben Ihrer Berufstätigkeit eine weitere Ausbildung zu absolvieren. Das ist im Augenblick anstrengend und kostet Zeit. Aber in zehn Jahren sehen Sie sich dadurch auf einem höher dotierten Posten mit anspruchsvollen, interessanten Aufgaben.

Schritt 2: Beschreiben Sie anschließend, wo Sie von heute an gerechnet in zwanzig Jahren sein wollen.

Jetzt wird es schon spannender. Je weiter man in der Zukunft nach vorn blickt, desto eher offenbart sich neben dem Nutzen auch der Sinn dessen, was man tut. Wenn Sie jetzt noch weitergehen möchten, kommt:

Schritt 3: Beschreiben Sie nun, wo Sie von heute an gerechnet in dreißig Jahren sein wollen.

Dreißig Jahre – das geht für die meisten Leser vermutlich über das Ende des eigenen Erwerbslebens hinaus. In dieser Sichtweise erst erschließt sich für das eigene Tun der größere Sinnzusammenhang. Niemand möchte ja damit enden, dass er einzig und allein auf vergangene Erfolge zurückblicken kann. Auch für die Gegenwart gewordene Zukunft muss ein Nutzen erkennbar sein, damit eine Tätigkeit mit Sinn erfüllt ist. Noch schöner ist es natürlich, wenn man auch dann noch neue Pläne und Visionen entwickeln kann.

Das war nun ein Ausblick auf den persönlichen Bereich, aber er kann auch im Unternehmen weiterhelfen, sich mit dem Sinn der derzeitigen Unternehmensvision zu beschäftigen. Dabei geht es darum, weit über den eigenen Planungshorizont hinauszudenken. *Steven Covey* nennt das: „Schon am Anfang das Ende im Sinn haben."

Aus der Vision „Wir sind der weltweit führende Anbieter für XY" können weder Mitarbeiter noch Kunden einen Nutzen ableiten, und was daran sinnstiftend sein soll, weltweit führend zu sein, erscheint erst einmal recht fraglich und bedarf näherer Erläuterung und Ausformulierung.

Wer – wie im Eingangsbeispiel – die Vision hat „nur die besten Mitarbeiter anzuziehen", muss sich zusätzlich über Folgendes klar sein: Solche Mitarbeiter möchten selbständig handeln, wollen eigenständige Entscheidungen treffen und haben den Wunsch, sich für sinnvolle Ziele einzusetzen. Mitarbeiter, die einer Vision folgen, müssen im eigentlichen Sinn nicht mehr geführt werden. Derartig inspiriert erarbeiten diese Menschen alles, was nötig ist, um den Weg zur Erreichung der Vision eigenverantwortlich zu gestalten.

Und wie gelingt das unserem Tennisverein? Beispielsweise so:

> „*Beschluss:* Wir sind ein Verein, der auf Basis des Gemeinschaftssinns seiner Mitglieder funktioniert und zum Ziel hat, unseren Mitgliedern die Möglichkeit zu Bewegung und Erholung zu bieten. Am Jahresende werden durch den tatkräftigen, freiwilligen Einsatz aller Mitglieder über die 12 Stunden hinaus alle für dieses Jahr gefassten Pläne umgesetzt sein.
>
> Besonderes Gewicht wird unsere Jugendarbeit erhalten haben, in der wir unseren jungen Mitgliedern einerseits zeigen, dass Sport Spaß machen und gemeinsamer Einsatz von Erfolg gekrönt sein kann, und ihnen andererseits das rechte Maß zwischen Wettbewerb und Zusammengehörigkeit nahebringen. Auf der Weihnachtsfeier werden wir mit Freude auf die gemeinschaftlichen Aktivitäten und auf die in diesem Jahr bei Punktspielen und Turnieren errungenen Erfolge zurückblicken. Jeder Erwachsene wird bereit gewesen sein, diese Aktivitäten zu unterstützen; beispielsweise standen für die entsprechenden Fahrten regelmäßig 5–6 Erwachsene bereit. Wir geben an dieser Stelle ein Beispiel.
>
> Unsere Grünanlagen sind eine Augenweide und unterstützen den Erholungseffekt. Wir werden sie selbst gepflegt und gestaltet haben und sind stolz darauf. Gern finden sich unsere Mitglieder nach dem Training noch auf der Terrasse oder im Clubhaus zusammen. Wir werden nicht lange gefragt haben: Wir haben gehandelt, wenn wir und unsere Fähigkeiten gebraucht wurden."

Nach dem gesunden und erholsamen Tennisspiel und der gemeinsamen Gartenarbeit auf der Terrasse sitzen, ein Squashwasser oder ein kühles Bierchen zischen und das Auge auf der schönen Umgebung ruhen lassen, ist schon eine durchaus angenehme Vorstellung. Aber das Ganze noch in dem guten Bewusstsein zu tun, dass man jungen Menschen ein Beispiel gegeben hat und ihnen zeigen kann, wie eine Gemeinschaft funktioniert, oder ihnen zu Erfolgserlebnissen zu verhelfen – das wird sich auch in der Rückschau nach dreißig Jahren noch gut anfühlen. „Weißt Du noch, *damals*, als wir …" – „Ja, Mensch, war *das* eine schöne Zeit!"

Gut formulierte Visionen sind keine Garantie auf dem Weg zum Ziel. Das wohl beste Beispiel dafür ist *Christoph Kolumbus*, dessen Vision es war, ein spanisches Handelsimperium zu begründen, indem er den Seeweg nach Indien abkürzte. Nur hat er zeitlebens nicht bemerkt, dass er nicht West-Indien entdeckt hatte, sondern einen neuen Kontinent. Darum bedarf es einer aus einer Vision abgeleiteten Strategie und daraus abgeleiteten messbaren Zielen. Aber *ohne* eine wirksame Vision ist das alles nichts.

5. Von der Vorstellung zur Strategie

Führen wir uns noch einmal vor Augen, an welcher Stelle wir gerade stehen.

- Wir haben uns eingehend mit der Frage beschäftigt, warum moralisches Handeln, für einen persönlich und für ein Unternehmen, **sinnvoll und gewinnbringend** ist.
- Wir haben erfahren, dass moralisches Handeln ein ausreichendes Maß an **Freiheit** voraussetzt.
- Wir haben die **Werte** und bestimmenden Prinzipien als Fundament ethischer Überlegungen und moralischen Handelns kennengelernt.
- Für die **Verwirklichung** dieser Basis sollte man die Antwort auf folgende Fragen kennen:
- **Wohin?** – Eine **Vision**, die darstellt, wie die erwünschte Zukunft aussehen wird.
- **Wozu?** – Die Klärung der persönlichen oder unternehmerischen **Sinnfrage**.

Diese Punkte bilden sozusagen den theoretischen Überbau. Dazu kommen nun im Anschluss für die Umsetzung in der Praxis:

- **Wie?** – Eine **Strategie** dazu, wie man seine Vision erreichen will.
- **Was?** – Die **Ziele** und was genau man zu ihrer Erreichung tun wird.
- **Wodurch?** – Die praktische und organisatorische Umsetzung der Strategie in Form von **Regeln** und **Vorgaben**.

Wir gehen davon aus, dass die meisten Leser mit Strategien durchaus vertraut sind. Vision, Strategie und Ziele gehören längst zum Standardrepertoire, sozusagen in den Handwerkskasten, des Managers oder Unternehmers. Leider klafft zwischen den Unternehmenswerten und der ethisch orientierten Umsetzung in die Praxis nur allzu oft eine große Lücke, die sich erst schließen lässt, wenn man die einzelnen Werkzeuge zueinander in Beziehung setzt und ihre Inhalte aufeinander aufbaut.

In diesem Kapitel werden Sie nun etwas über grundlegende Probleme beim Aufstellen von Strategien und über die damit verbundenen ethischen Aspekte erfahren.

Der Begriff Strategie selbst kommt aus dem Griechischen und bedeutet Heeresführung. Ein „Stratege" war im antiken Griechenland ein gewählter Heerführer. An dieser Wortherkunft kann man bereits Dreierlei erkennen, das wir mit der Notwendigkeit einer Strategie verbinden:

(1) Strategien wendet man an, wenn man es mit einem **Gegner** zu tun hat.

Das kann, wie im Wettkampf oder Krieg, tatsächlich ein menschlicher Gegner sein. Oder ein Konkurrent im gemeinsamen Markt. Aber wir kennen auch Begriffe wie Strategien im Kampf gegen Krebs und Malaria, gegen den Hunger oder gegen die globale Erwärmung – die Strategie, durch die man mit diesen Gegnern tatsächlich fertig wird, kennen wir allerdings noch nicht. Und üblicherweise reagiert der Gegner auch noch auf unsere eigenen Aktionen. Im Fall von menschlichen Gegnern, indem er seine Reaktionen entsprechend anpasst. Im Fall der anderen genannten Beispiele schlicht dadurch, dass die Theorie, auf deren Basis man handelt, nicht genau genug die Wirklichkeit abbildet und daher den eigenen Handlungen andere Ergebnisse folgen als erhofft oder geplant. Bei der Malariabekämpfung glaubte man ja eine Weile, mit DDT ein probates Mittel gegen den Überträger, die Anopheles-Mücke, gefunden zu haben. Leider zeigten sich bald die negativen Folgen in Form von Resistenzbildung und Anreicherung des DDT in der Nahrungskette. Daran kann man bereits die zweite Bedingung erkennen:

(2) Strategien braucht man in Situationen mit hoher **Komplexität**.

In Situationen also, in denen eine Vorplanung sowie die Abwägung zahlreicher Faktoren und verschiedener Möglichkeiten mit ihren Neben-, Rück- und Fernwirkungen zwingend erforderlich ist. Sei es wegen der Langfristigkeit der zu betrachtenden Entwicklung, sei es wegen der Vielzahl der zu betrachtenden Faktoren, sei es wegen anderer Unwägbarkeiten. Natürlich laufen ähnliche, jedoch weniger umfangreiche Denk- und Entscheidungsprozesse bei vielen unserer täglichen Handlungen ab. Dennoch werden Sie vermutlich zustimmen, wenn wir sagen: Für einen normalen Wochenendeinkauf brauchen Sie noch keine Strategie. Ein einfacher Plan, sprich Einkaufszettel, tut es auch. Bei einem Einkauf für die Festtage sieht das vielleicht schon anders aus. Außerdem fehlt dem Einkaufen, wenn man nun nicht bewusst ganz besonders seltene Fälle konstruiert, auch Folgendes:

(3) Strategien braucht man, wenn das eigene Handeln mit einem hohen **Risiko** verbunden ist.

Je schwerwiegender in einer bestimmten Situation ein Fehler sein kann, desto wichtiger ist es, nicht einfach auszuprobieren, was bei einem bestimmten Vorgehen herauskommen wird. Dazu gehört auch, dass eine Strategie in der Regel langfristig entwickelt oder langfristig vorbereitet wird. Auch im Umgang mit Krisen werden ja Strategien benötigt. Leider entfalten Krisen üblicherweise eine vorher ungeahnte Dynamik. Die benötigte Strategie dann in der aktuellen Situation zu entwickeln, scheitert spätestens dann, wenn zum ersten Mal Panik unter den Beteiligten ausbricht.

Sie kennen vielleicht die Situation, wenn Sie einen Spielfilm ansehen, in dem die Protagonisten in Bedrängnis geraten, beispielsweise die in den 70er Jahren beliebten Katastrophenfilme mit Beinahe-Flugzeugabstürzen oder Hochhausbränden. Da steht der Haupt-

darsteller vor einer Stahltür. Die Hand senkt sich auf den Türgriff. Und man selbst sitzt vor der Mattscheibe und hält es im Kopf nicht aus. Kann denn der Mann nicht *einmal* vorher nachdenken, bevor er sich wieder in den nächstbesten Fahrstuhlschacht stürzt?!

Strategien dienen also auch der Risikominimierung oder Risikovermeidung.

Als Nächstes gilt es einem verbreiteten Missverständnis vorzubeugen: Weder ist eine Strategie eine Vision, noch ersetzt sie diese. Die Strategieentwicklung bestimmt vielmehr den **Weg**, den man einzuschlagen gedenkt, um die Vision, gewissermaßen das Fernziel, zu erreichen. So betrachtet dienen Strategien der Umsetzung einer Vision durch Ziele und einen Maßnahmenplan.

Das kann funktionieren, ist aber auch kein Selbstläufer.

Nehmen wir als Beispiel einmal eine Fußballmannschaft und betrachten daran, wie der Weg (= Strategie) vorgezeichnet werden muss, um die Vision zu erreichen. Dort wird zwischen den Spielen nach einem Trainingsplan vorgegangen, es werden Kraft, Kondition und Spielzüge trainiert. Nun bereitet sich die Mannschaft auf ein wichtiges Spiel vor. Ob es um die Ausscheidungswettkämpfe zur Fußballweltmeisterschaft geht ober um ein Lokalderby der Kreisliga ist dabei vollkommen irrelevant. Die Vision ist: Wir toben an dem Abend nach dem Spiel über den Patz und jubeln, weil wir gewonnen haben werden. Nun wird die gegnerische Mannschaft analysiert und es wird geplant, wie man mit den Besonderheiten der anderen Mannschaft und ihrer Spieler umgehen will. Das ist dann die Spielstrategie. Mit ihrer Umsetzung hofft man das Spiel für sich zu entscheiden.

Was aber geschieht, wenn diese Strategie während des Spiels nicht umgesetzt wird? Das ist gar nicht so selten der Fall. Sie alle erinnern sich sicher an Szenen, in denen es den Trainer während des Spiels nicht mehr auf seinem Platz auf der Trainerbank hält. Stattdessen läuft er aufgeregt am Spielfeldrand auf und ab und versucht, seinen Schützlingen Anweisungen zuzubrüllen und sie per – vorher hoffentlich vereinbarten – Geheimzeichen an die besprochenen Spielzüge zu erinnern. Manchmal hilft es, manchmal bleibt das Spiel aber auch im Standardrepertoire stecken.

Auch in der Wirtschaft lässt sich das beobachten. Dabei gibt es drei Hauptursachen:

- Die Strategie ist nicht ausreichend in der Basis verankert.
- Sie ist nicht ausreichend kommuniziert.
- Sie ist nicht ausreichend verstanden worden.

Zugegebenermaßen gibt es noch zwei weitere Gründe, die zum Scheitern führen. Ganz kurz gesagt: a) Der Gegner ist eben einfach besser oder b) die Strategie war schlicht falsch. Das abzustellen ist für ein Unternehmen allerdings keine ethische, sondern vor allem eine betriebs- und marktwirtschaftliche Fragestellung und gehört daher in den Einzelheiten nicht an diese Stelle. Moralisches Handeln kommt in diesem Fall erst wieder zum Tragen, wenn es darum geht, Schuldige zu benennen – oder eben auch nicht zu benennen – und darum, wie man mit ihnen umgehen will.

Strategieentwicklung wird heute meist mit Hilfe der **Spieltheorie** erklärt und durchgeführt. Ohne ins Detail zu gehen, sei erklärt, dass es sich dabei um eine Methode handelt, bei der man versucht, zuerst mögliche „Spielzüge" der Gegner vorherzusehen, diese anschließend in Kombination mit den für einen selbst zur Verfügung stehenden Möglichkeiten zu betrachten und zum Schluss die jeweiligen Ergebnisse miteinander zu vergleichen. Im Grunde entspricht das dem, was im Kopf eines Schachspielers abläuft, wenn er vor seinem nächsten Zug das Brett und die derzeitige Aufstellung der Figuren betrachtet. Je nach Begabung kann ein Schachspieler dabei eine mehr oder weniger große Anzahl möglicher Züge und Zugfolgen geistig vorwegnehmen. Diese

Art der Betrachtung ergibt dann die für den jeweiligen Spieler oder eben die für das jeweilige Unternehmen aussichtsreichste Strategie. Sie lässt sich aber gleichzeitig auch für ethische Betrachtungen nutzen, wenn man die Ergebnisse für die einzelnen Szenarien eben nicht nur einer wirtschaftlichen, sondern auch einer ethischen Prüfung unterzieht.

Unter **ethischen Gesichtspunkten** betrachtet man nun für eine Strategie, entsprechend der oben genannten Voraussetzungen für ihre Notwendigkeit, drei verschiedene Aspekte, die sich jedoch alle in einer Frage zusammenfassen lassen. Wie lässt sich für alle Beteiligten in der Gesamtsicht der Nutzen maximieren und der Schaden minimieren? Und in allererster Linie geht es darum Schaden zu vermeiden. Dem entspricht beispielsweise in der Medizin der Hippokratische Eid mit dem Grundsatz „nihil nocere", also zuerst einmal „nicht zu schaden".

Eine Strategie nicht nur unter Erfolgs- sondern auch unter Ethikgesichtspunkten zu prüfen, ist in der Praxis recht kompliziert und bedarf einer eingehenden Betrachtung im Einzelfall sowie einer Abwägung bezüglich der zu Grunde liegenden Werte. Dennoch lassen sich in Bezug auf die oben genannten Aspekte drei Fragestellungen nennen, mit denen man sich in diesem Abwägungsprozess beschäftigen kann:

Frage 1: Ist der angenommene Gegner wirklich ein Gegner?

Diese Frage mag zunächst verwirren. Dennoch ist es unter ethischen Gesichtspunkten ratsam, zuerst zu prüfen, gegen wen man gerade aus welchem Grund und worum kämpfen will und ob es auch andere Alternativen gibt. Es wäre beileibe nicht das erste Mal, dass ein Krieg aus einem Missverständnis entsteht. Als Kind wurde man ja beispielsweise immer dazu angeregt, sich „wieder zu vertragen", und das funktioniert auch im Erwachsenenleben noch erstaunlich gut, wenn man sich dazu durchringen kann.

Die obige Frage sollte man beantworten, bevor man selbst aktiv in einen Wettkampf eintritt, indem man beispielsweise in einem Markt, in dem bislang alle Anbieter ein gutes Auskommen haben, einen ruinösen Preiskampf beginnt, um einen größeren Marktanteil zu erobern. Auf Basis der für das Unternehmen festgelegten Werte lässt sich das selten, auf Basis der gesellschaftlichen Werte so gut wie nie ethisch rechtfertigen.

In der Wirtschaft ist der Wettbewerb einerseits der Motor für Innovationen und andererseits Ursache für gesellschaftliche Entwicklungen wie beispielsweise die Ungleichverteilung der Erwerbsarbeit.

In jedem Fall steht hier am Beginn wieder die Erkenntnis, dass man die Wahl hat und damit die Freiheit, auch nach ethischen Gesichtspunkten zu handeln.

Frage 2: Was ist eine für alle Beteiligten möglichst schadlose Lösung?

Zur Festlegung einer Strategie gehört hier zunächst die Erkenntnis, dass man die Wahl hat zwischen einer Vielzahl von Möglichkeiten. Auch dabei gilt: Viele Wege führen nach Rom. Aber ebenso wie ein Reisender vor zweitausend Jahren die Wahl hatte zwischen einer gefährlichen Seereise und einer nicht minder aufreibenden Alpenüberquerung, gilt es auch heute zwischen verschiedenen Strategien zu wählen.

Zunächst würde man ja davon ausgehen, dass man versucht, den jeweiligen Gegner zu besiegen beziehungsweise für sich selbst die beste Einzellösung zu erreichen. Verbreitete Sprüche aus dem Alltag wie „Leben und leben lassen" oder „Man sieht sich immer zweimal im Leben" deuten allerdings schon an, dass das zwar klug sein kann, aber nicht weise sein muss.

Der Klassiker der Spieltheorie und damit der Strategieentwicklung ist das sogenannte **Gefangenendilemma**. Es gibt unzählige verschiedene Varianten, die zumeist in totalitären Regimen spielen, deren Grundproblematik jedoch immer dieselbe ist:

Zwei Personen werden festgenommen. Ihnen wird gemeinsam ein schweres Vergehen zur Last gelegt. Die beiden Personen werden unabhängig voneinander verhört. Dabei wird beiden folgendes Angebot gemacht: Wenn man selbst gesteht, dass beide gemeinsam das Verbrechen begangen haben, kommt man selbst frei, der andere wird für zehn Jahre eingesperrt. Gesteht der andere ebenfalls, hat man dem Staat ja kaum geholfen. In dem Fall kommen beide für je fünf Jahre ins Gefängnis. Gesteht jedoch keiner von beiden, folgt für beide eine Strafe von einem Jahr. Beiden Personen wird außerdem mitgeteilt, dass der andere dasselbe Angebot erhalten hat.

Betrachten wir die Optionen einmal als Tabelle:

		Der andere	
		gesteht	gesteht nicht
Ich	gestehe	5 / 5	0 / 10
	gestehe nicht	10 / 0	1 / 1

Dieses Ergebnis kann man nun aus zwei Richtungen betrachten. Einmal gibt es die Richtung der **Logik**. Kennen sich die beiden Personen nicht oder kaum und haben sie keinerlei Interesse am Schicksal des anderen, dann werden sie logisch danach wählen, in welchem Fall sie selbst am günstigsten davonkommen. Sie werden also beide gestehen. Hält der andere den Mund, sind sie frei, gesteht er, bekommen sie fünf Jahre. Das Risiko, zu schweigen und dafür zehn Jahre ins Gefängnis zu wandern, wenn der andere gesteht, wird nach den Gesetzen der Logik niemand eingehen, da der andere ja dieselben Überlegungen anstellen wird und ebenfalls gesteht.

Anders sieht die Sache natürlich aus, wenn sich die Beteiligten kennen und ihnen womöglich sogar das Wohlergehen des anderen wichtig ist. In diesem Fall könnte man schweigend darauf vertrauen, dass der andere sich ebenso für „nicht gestehen“ entscheidet. Dabei ist es natürlich weiterhin möglich, dass man sich in dem anderen irrt und für zehn Jahre hinter Gittern verschwindet. Die Wahrscheinlichkeit und damit die Größe des Risikos ist jedoch deutlich geringer. Und man kann es sogar aus Selbstlosigkeit bewusst eingehen.

Der Nobelpreisträger *John Nash* hat zu dieser Theorie die mathematischen Grundlagen entwickelt. Vielleicht kennen Sie den Film *A beautiful mind*, in dem das Leben des an Schizophrenie erkrankten Genies zum Thema gemacht wurde. Er konnte zeigen, dass es für alle ähnlichen Probleme jeweils eine **„gemeinsame beste Lösung gibt"** – im Gefangenendilemma schweigen beide und erhalten in Summe die minimale Zahl von zwei Jahren Gefängnis – wenn alle Beteiligten bereit sind, auf die für sie nach den Gesetzen der Logik beste Wahl zu verzichten.

Das führt uns dann auf Umwegen auch wieder zurück zur **Goldenen Regel** und dem **Kategorischen Imperativ**. Im Gefangenendilemma fallen nach der Goldenen Regel persönliches und gemeinsames Optimum zusammen – das Dilemma ist keines mehr. „Liebe Deinen Nächsten wie Dich selbst" lässt sich dann auch übersetzen als: Betrachte Dein Wohl und das der anderen (sogar: Deines Gegners) als gleichrangig. In dem Fall führt die Wertewahl jenseits der reinen Logik zwingend zu der für beide Beteiligten in Summe optimalen Lösung.

Jede Gemeinschaft, auch die Wirtschaftswelt, besitzt Regeln, die diese Erkenntnis und damit ihre grundlegenden Werte in die Tat umsetzen, indem sie **der Gemeinschaft dienliches Handeln** zur moralischen Norm machen. Aus der Vision des „ehrbaren Kaufmanns" leitete beispielsweise *Robert Bosch* als grundlegendes Strategieprinzip für sein Unternehmen ab: „Lieber Geld verlieren als Vertrauen." Diese Strategie liefert eine Entscheidungsgrundlage, um in Fällen eines möglichen Vertrauensverlustes auf die gewünschte Gewinnmaximierung zu verzichten. Eine derartige Strategie als Entscheidungshilfe lässt sich nicht nur leicht kommunizieren, sondern auch bei allen Betroffenen so verankern, dass sie ihr Handeln danach ausrichten. Ganz anders und wenig Vertrauen erweckend wirkt da auch unter ethischen Gesichtspunkten eine Unternehmensstrategie der Art: „Wir erhöhen die Durchschlagskraft durch Bündelung aller Kräfte."

Die Spieltheorie bietet zum Thema Ausbildung von Kooperation anstelle von Konkurrenz noch ein weiteres interessantes Beispiel.

Im Jahr 1979 bat der Politologe *Robert Axelrod* einige Kollegen um die Zusendung von Computerprogrammen, die ihrer Ansicht nach eine Gewinnstrategie für ein sogenanntes „iteriertes Gefangenendilemma" darstellen. Das iterierte Gefangenendilemma ist schlicht gesagt eine längere Kette von Entscheidungen, die jede für sich und in ihrer Gesamtheit das Gefangenendilemma enthalten, mit denselben Beteiligten. Also die mathematische Betrachtung von „Man sieht sich immer zweimal". Die Programme spielten dann in einer Art Turnier gegeneinander. Der Gewinner war ein Sozialpsychologe namens *Anatol Rapoport* von der Universität Toronto. Sein Programm mit dem Namen „*Tit for tat*", dem englischen Ausdruck für „Wie Du mir, so ich Dir", setzte einfach nur seinen Namen in die Tat um. Im ersten Spielzug kooperierte es, in allen folgenden tat es, was der Gegner im Zug davor getan hatte: Du agierst gegen mich? Dann agiere ich auch gegen Dich! Du hältst zu mir? Dann halte ich auch zu Dir!

Im Anschluss wurden die eingesandten Programme analysiert, und zwar in Bezug auf die in ihrer Programmierung verborgene Psychologie. Die besten Programme enthielten zwei wesentliche Merkmale:

- **Freundlichkeit:** Das Programm beginnt nie von selbst zu konkurrieren, sondern bleibt kooperativ, solange es nicht auf Konkurrenz trifft.
- **Nachsicht:** Das Programm ist nicht nachtragend, sondern vergibt sofort. Kehrt das gegnerische Programm zur Kooperation zurück, folgt es dem sofort.

Drei Jahre später wurde der Wettbewerb wiederholt. Das Besondere daran war, dass alle Teilnehmer die Ergebnisse des ersten Experiments kannten. Im Sinne des Gefangenendilemmas hätte man also damit rechnen können, dass Programme die Eigenschaften Freundlichkeit und Nachsicht bei den anderen voraussetzen und quasi ausnutzen. Was niemand vermutet hätte, trat ein: *Rapoport* beteiligte sich, und zwar wieder mit „Tit for tat" – und gewann abermals.

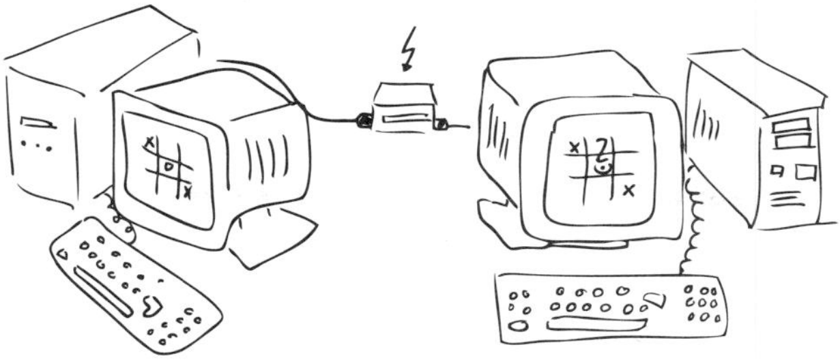

Die nähere Analyse ergab nun noch drei weitere wichtige Eigenschaften, die alle Programme besaßen, die auf den vorderen Plätzen landeten:

- **Provozierbarkeit:** Das heißt, dass sich das Programm bei aller Nachsicht nicht alles gefallen lässt. Auf einen unkooperativen Gegner reagiert es ab einem bestimmten Punkt mit Konkurrenz.
- **Reziprozität:** Das Programm reagiert hauptsächlich auf die Strategie des Gegners.
- **Verständlichkeit:** Damit ist die Komplexität der Entscheidungsvorgaben gemeint. Gemessen wurde das schlicht über die Länge des Programmtextes. *„Tit for tat"* war übrigens mit Abstand das kürzeste Programm. Es besteht lediglich aus zwei Befehlszeilen.

Der letzte Punkt führt vielleicht zu Erstaunen. Computern sollte es ja vom Prinzip her gleichgültig sein, wie komplex die auf ihnen installierten Programme sind. Dabei gilt es jedoch zu bedenken, dass bei komplizierten Entscheidungsverfahren Sonderfälle nicht berücksichtigt sein können oder sich Fehler einschleichen. Das findet in der Unternehmenswirklichkeit dann seine Entsprechung, wenn strategische Planungskonzepte so undurchschaubar werden, dass der betreffende Entscheider irgendwann beim „Herrje, wie ging das jetzt gleich?!" hängen bleibt. Und die beste Strategie ist wertlos, wenn sie nicht das Handeln bestimmt.

Frage 3: Wie groß ist das Risiko und wer hat den Schaden?

Bei der Festlegung von Strategien wird gelegentlich geradezu als Vorteil angesehen, wenn die mit einer Entscheidung verbundenen

Risiken den Entscheider nicht oder nicht direkt betreffen. Dabei ist das unter ethischen Gesichtspunkten höchst fragwürdig. *Julian Nida-Rümelin* vom Lehrstuhl für politische Theorie und Philosophie der Ludwig-Maximilians-Universität in München fordert dazu die Einhaltung des sogenannten Zustimmungsvorbehalts, der besagt, dass, wer den möglichen Schaden hätte, vorab dem Eingehen eines Risikos zustimmen muss. Das wird an mancher Stelle streng beachtet – denken Sie zum Beispiel an das Gespräch, das Arzt und Anästhesist mit jedem Patienten vor einem Eingriff führen, um ihn über bestehende Risiken aufzuklären und dessen Zustimmung zu der geplanten Operation einzuholen – im Großen jedoch gern vernachlässigt.

> „Wer Unbeteiligte ungefragt zum eigenen Vorteil Risiken aussetzt, hat moralisch versagt, auch wenn es dagegen noch kein Gesetz gibt. Den möglichen Gewinn hat er nicht verdient."
>
> *Julian Nida-Rümelin*

Zur Festlegung einer Strategie gehört daher zwingend eine Risikobetrachtung, die nicht nur die eigenen, sondern auch **fremde Risiken** einschließt. Viele Unternehmen berücksichtigen das beispielsweise in ihrer Umwelt- und Sicherheitsstrategie, wenn sie sich freiwilligen Vereinbarungen anschließen und eben nicht im Senegal zu den dort herrschenden rechtlichen Bedingungen produzieren, nach dem Motto: „Nach mir die Sintflut". Auch die wieder aktueller werdende Diskussion um die Nutzung der Atomenergie entzündet sich ja daran, wer wann mit welchen möglichen Schäden zu rechnen hätte – und ob es ethisch vertretbar ist, an deren Stelle zu entscheiden.

Und noch einen letzten Punkt gibt es, der bei der Entwicklung und später bei der Umsetzung von Strategien eine wichtige Rolle spielt, nämlich die Frage, ob es sich dabei denn auch um die **wahre Strategie** handelt. Sie kennen aus dem Englischen vielleicht den Ausdruck der „hidden agenda", der in etwa meint, jemand habe anstelle dessen, was er vorgibt vorzuhaben, etwas ganz anderes im Kopf – und in der Regel etwas, das im Wesentlichen seinem eigenen Vorteil dient.

Denken Sie einmal an den Trojanischen Krieg. Paris entführt die schöne Helena, in die er sich verliebt hat. Unglücklicherweise ist Helena bereits verheiratet, nämlich mit König Menelaos von Sparta. Der ist verständlicherweise verärgert und will seine geraubte Frau um jeden Preis wieder zurückhaben. Menelaos wendet sich an seinen Bruder Agamemnon, den mächtigen König von Mykene, der alsbald die Stämme Griechenlands zusammenruft, um Helena zurückzuholen und die Ehre seines Bruders wiederherzustellen. Doch in Wahrheit schiebt Agamemnon die Familienehre nur vor – tatsächlich ist seine immense Habgier das Hauptmotiv: Er muss Troja unterwerfen, um die Ägäis unter seine Kontrolle zu bekommen und so seine eigene Vorherrschaft zu sichern.

Zunächst erscheint das Ganze als klassische Situation: Ich werde angegriffen beziehungsweise jemand nimmt mir etwas weg, also *muss* ich zurückschlagen. Da könnte ja sonst jeder kommen! Nun ist Letzteres in der Tat ein Aspekt und beispielsweise einer der Hauptgründe, die Großbritannien zum raschen Eingreifen im Falklandkonflikt bewogen hat.

Dennoch muss die Frage gestattet sein, ob man das Ganze auch hätte sein lassen können. Helena war schon vor ihrer erzwungenen Ehe dem Paris verfallen. Das ist bitter, aber nicht zu ändern, und der Krieg gegen Troja rührt an dieser Tatsache keinen Deut. Er dient lediglich der Rache (Menelaos) und der Raffgier (Agamemnon). Und dass das keine moralisch akzeptablen Motive sind, steht hoffentlich nicht zur Debatte. Daneben aber gibt es reichlich Schaden. Unzählige Tote und Verletzte, Troja völlig zerstört, Familien ohne Ernährer. Nicht einmal die sichere Rückkehr ist gewiss, wie Odysseus' Geschichte zeigt. Alles in allem ein schlechter Deal.

Natürlich wollen wir damit nicht einer blinden Friedfertigkeit das Wort reden. Es macht allerdings nachdenklich, dass eine Strategie unter Zuhilfenahme der Diplomatie von vornherein ausgeschlossen wurde. Man stelle sich nur einmal vor, Paris und Menelaos hätte einen Weg gefunden, der allen Beteiligten eine Zukunft in

Frieden und frei von Gesichtsverlust beschert hätte. In der Medizin spricht man von „minimal-invasiver Strategie“ und meint damit einen Weg der geringstmöglichen Beeinträchtigung bei Operationen.

Auch bei der Ausgestaltung von Unternehmensstrategien ließe sich mancher Schaden von vornherein vermeiden, wenn geklärt würde, ob der Gegner ausschließlich als Feind betrachtet werden muss, oder ob es auch einen anderen Weg gibt, die Unternehmensvision zu realisieren. Daher lohnt es sich bei der Ausarbeitung von Strategien zu prüfen, ob mögliche Eigeninteressen der Akteure darunter verborgen sein können – oder wie der Kriminologe fragen würde: „Cui bono?“, „Wem nützt es?“. Damit kann sich ein Unternehmen, damit können aber auch Sie persönlich sich davor schützen, sich vor einen Karren spannen zu lassen, den Sie gar nicht ziehen wollen.

6. Der Weg und das Ziel

Mit der Festlegung konkreter Ziele wird der in Vision und Strategie vorgezeichnete Weg in die Praxis umgesetzt.

Ziele sind, dazu werden wir später noch kommen, in Unternehmen heute in der Regel in Form von Zielvereinbarungen mit den Systemen für Leistungsbeurteilung und Mitarbeiterentwicklung sowie mit den Gehalts- und Bonuszahlungen verknüpft. Dadurch haben sie einen großen Teil ihrer motivierenden Wirkung eingebüßt und werden von vielen Mitarbeitern eher als Belastung und als die Messlatte, die auch an sie als Person angelegt wird, empfunden. Man kann also zunächst fragen: Wozu braucht man überhaupt Ziele? Ist es ohne sie nicht viel entspannter und laufen wir damit nicht nur wieder den Halbgöttern Perfektionismus und Effizienzsteigerung hinterher?

Vielleicht möchten Sie einmal kurz überlegen, welche Dinge Ihnen in Ihrem Leben wirklich gelungen sind. Worauf sind Sie stolz und was erfüllt Sie möglicherweise noch nach vielen Jahren mit Zufriedenheit? Anschließend versuchen Sie einmal nachzuvollziehen, mit welcher Vorstellung Sie damals zur Tat geschritten sind:

Das haben Sie erreicht	**Ihre Zielvorstellung zu Beginn**

Wir wissen natürlich nicht, was bei Ihren persönlichen Überlegungen herausgekommen ist. Aber es ist zu vermuten, dass auch Sie für sich finden, was man als allgemeine Tendenz beschreiben kann: Am ehesten erreicht man die Dinge, die man mit einer klaren „Hin zu“-Haltung und einem Bild vom erstrebenswerten Zustand begonnen hat. Das beginnt im Kleinen – „Fließend Englisch sprechen“ ist wesentlich motivierender als „In Sitzungen auf Englisch nicht mehr so herumstammeln“ – und setzt sich bis in die Erreichung der großen persönlichen Lebensziele fort.

Dabei gilt immer noch der Ausspruch von *Martin Luther*:

Ans Ziel kommt nur, wer eines hat.

Bei der **Festlegung von Zielen** spielen verschiedene Dinge eine Rolle, sowohl unter Managementgesichtspunkten als auch unter Ethikaspekten:

(1) Formulieren Sie Ziele so, dass sie handlungsleitend wirken.
(2) Ziele sollten mit einer Erfolgskontrolle verbunden sein.
(3) Die Gesamtsicht der geltenden Ziele sollte widerspruchsfrei sein.
(4) Die Ziele sollten mit den Unternehmenswerten sowie mit der Vision und der gewählten Strategie abgeglichen sein und zu deren Erreichung beitragen. Die Ziele selbst sollten unter ethischen Gesichtspunkten geprüft werden.

Im Folgenden soll es nun darum gehen, was jeweils im Einzelnen zu beachten ist.

(1) Ziele sollten so formuliert sein, dass sie handlungsleitend wirken.

Ziele gleichen in Vielem Visionen. Man kann sie auch als eine Art kleine Schwester der Vision bezeichnen. Auch Ziele sprechen, wenn sie psychologisch sinnvoll formuliert sind, das Unterbewusstsein an und erzeugen ein Bild vom angestrebten Zustand. Dabei werden Ziele in der Regel deutlich konkreter – bekannt ist die Zielfrage „Wer macht was bis wann?“ – und arbeiten daher mit leichter greifbaren und vorstellbaren Teilschritten.

Da, wie in Kapitel 4 bereits ausgeführt, unser Unterbewusstsein keine Negation versteht, sondern in Bildern denkt, ist es auch bei der Formulierung von Zielen wesentlich, sie positiv, konkret und absolut zu formulieren, damit sie ihre Wirkung entfalten können. Da stellt sich Ihnen vielleicht als Nächstes die Frage: Wie mache ich das? Dazu können Sie die folgenden drei Punkte beachten. Der erste lautet:

Positiv formulieren: Achten Sie darauf, dass Ihr Ziel keines der Wörter *nicht, nie mehr, niemals, kein* oder *ohne* enthält.

Ihre Vorstellung versteht, wie bereits im Kapitel über Visionen ausgeführt, keine Negation. Dabei werden Sie vermutlich auf die Schwierigkeit stoßen, dass uns negative Formulierungen wesentlich leichter einfallen als die positive Variante. Wir sind nämlich oft in einer „Weg von"-Haltung gefangen. Uns ist zwar genau klar, was wir nicht wollen, denn das lässt sich recht schnell umreißen, wir können aber nur schwer ausdrücken, was wir anstreben, denn das erfordert eine längere Beschäftigung mit der virtuellen Zukunft. Wenn Sie beschreiben, was genau Ihr Ziel sein soll, werden Sie auch bemerken, dass Texte wesentlich länger werden, ein weiteres Zeichen für die erforderliche Genauigkeit. Dafür aber erzeugen Sie in Ihrer eigenen Vorstellung ein detailliertes Bild von der erwünschten Zukunft.

Vor Jahren beobachtete ich in einem Reisebüro einmal eine faszinierende Szene. Ich wartete gerade etwas länger auf den Ausdruck einiger Reisedokumente und hatte daher Zeit, die anderen Kunden zu beobachten. Während ich wartete, trat ein etwa 50-jähriger Herr im dunklen Anzug mit weißem Hemd und edler Seidenkrawatte ein und setzte sich auf den Sessel neben mir. Dann erklärte er der Mitarbeiterin, die ihn nach seinen Wünschen fragte, er wolle in Urlaub fahren, mit seinen Kindern, und sie solle ihm „da mal was buchen". Die junge Frau war zu Recht erstaunt ob dieses Ansinnens. Auf Nachfrage fand der Kunde sich noch bereit, in etwa die möglichen Termine bekannt zu geben. Alle weiteren Fragen – Was die Reise denn kosten dürfe? Eher in den Süden oder eher nach Dänemark? Strand? Wald? Berge? Vielleicht eine Radreise?? – tropften geradezu an ihm ab, während die Verzweiflung auf der anderen Seite des Tisches merklich größer wurde. Nach einer Weile dauerte ihm das Gespräch offenbar zu lange. „Jetzt muss ich aber los!" sagte er bestimmt und erhob sich, „Ich komme dann in den nächsten Tagen vorbei und hole mir die Unterlagen ab!".

Dabei hätte ich ja zu gern Mäuschen gespielt.

Vielleicht kommt Ihnen das Verhalten des Herrn aus diesem Beispiel absurd und lächerlich vor. Und in der Tat ist Ziellosigkeit in dieser Ausprägung schon ungewöhnlich. Aber wenn Sie sich die Ziele, die Menschen ebenso wie Unternehmen sich selbst setzen, einmal kritisch betrachten, werden Sie feststellen, dass unser Unterbewusstsein mit der Umsetzung oft genauso überfordert sein dürfte wie die Mitarbeiterin im Reisebüro.

Damit kommen wir zum zweiten Punkt:

Komparative vermeiden: Mit Vergleichswörtern wie *weniger* oder *mehr* verfestigen wir das momentane Bild des Zustands, von dem wir uns ja wünschen, dass er sich ändern möge.

Fragen Sie einmal Menschen danach, was sie in ihrem Leben gern ändern würden. Dann werden Sie beispielsweise Folgendes hören:

„Ach, wenn das ginge, würde ich sofort weniger arbeiten!“
„Ehrlich gesagt müsste ich mich mehr bewegen.“
„Ich hätte gern mehr Zeit für mich und für meine Familie.“
„Ich würde gern abnehmen.“

oder:

„Ich würde gern beruflich mehr aus mir machen.“
„Ich würde gern wichtigere Aufgaben betreuen.“

Wenn wir bei diesen Formulierungen noch einmal zurückgehen zu der Tatsache, dass unser Unterbewusstsein in Bildern denkt, dann wird auch hier wieder klar, warum diese Art der Zielformulierung nicht wirkt oder anders ausgedrückt eben nicht handlungsleitend ist. Zunächst wird nämlich der Zustand visualisiert, den man ja eben *nicht* mehr möchte. Im Grunde ist ein über einen Komparativ formuliertes Ziel nichts anderes als eine Negation. Das gilt sogar für Ziele wie „Ich würde gern abnehmen.“ Dagegen ist zunächst rein grammatikalisch nichts zu sagen, denn es ist sowohl positiv als auch nicht als Komparativ formuliert. Zumindest nicht als offensichtlicher. Wenn Sie aber einmal versuchen sich vorzustellen, was in unserem Kopf-Kino abläuft, wenn wir zu uns selbst diesen Satz sagen, wird klar: Ich beziehe mich auf den momentanen Zustand („zu dick“), den ich auch klar vor meinem geistigen Auge sehe. Und dann sehe ich beispielsweise, wie ich morgens auf die Waage steige und *weniger* (Aha!) wiege oder wie ich am Tisch sitze und *weniger* esse. Ich stelle mir also den *Vorgang* des Abnehmens vor, nicht sein Ergebnis. Und wer das tut, bekommt von seinem Unterbewusstsein genau das: eine Diät nach der anderen.

Eines der Dauerbrenner-Projekte in nahezu allen Firmen ist die Reduzierung der Außenstände. Dabei wird stets angestrebt, dass die Kunden früher zahlen und die Summe der überfälligen Beträge geringer wird. Meist sitzen die beteiligten Projektmitglieder schon im Kick-off-Meeting mit leicht gelangweiltem Gesichtsausdruck, weil jeder von ihnen an demselben Projekt unter anderem Namen schon mehrfach mitgearbeitet hat. Dann folgt eine Phase, in der die Zahlen tatsächlich merklich nach unten gehen. Manchmal wird sogar auf den Umsatz mit bestimmten Kunden verzichtet, nur um die Allzu-Spät-Zahler endlich aus der Kundenkartei zu löschen. Bereits wenige Monate später ist das Problem jedoch in altem Umfang zurück, so dass erneut eine Verbesserungsmaßnahme angestoßen wird.

Mit inzwischen geübtem Auge haben Sie vermutlich gleich die Komparative entdeckt, die in der Zielvorstellung des Projektes verborgen sind. Im Grunde lässt sich sogar diskutieren, ob eine *Verbesserungs*maßnahme nicht einen verkappten Komparativ darstellt mit ähnlicher Wirkung wie der Vorsatz, endlich abzunehmen.

Kommen wir nun zum dritten Punkt:

Absolut und konkret sprechen: Damit das Ziel nicht nur schemenhaft erscheint, gilt es auf Konjunktive und Ähnliches (*würde*, *könnte*, *möchte*) sowie auf „Wattewörter" (*eigentlich*, *irgendwie* und *irgendwann*, *gewissermaßen*, *im Grunde genommen* etc.) zu verzichten. In diese Kategorie fällt auch das Wort *versuchen*.

Mit diesen sprachlichen Einschränkungen wird sonst das Ziel wieder zurückgenommen. Auch hier geht es wieder um das Bild im eigenen Kopf. Wer sich vor seinem geistigen Auge etwas „eigentlich gern versuchen wollen" vorstellen will, der sieht sich nämlich in Wirklichkeit „dasitzen, zögern und nichts tun".

In einem Unternehmen gibt es zumeist Zielvereinbarungssysteme und in größeren Firmen auch Datenbanken, in denen die Zielvereinbarungen der Mitarbeiter fixiert und festgehalten werden. Dabei wird schon recht genau darauf geachtet, dass diese Ziele den soeben diskutierten Regeln entsprechen und auch dem gleich zu besprechenden, nämlich der Messbarkeit, genügen. Daher sollte das alles eigentlich kein Problem mehr sein. In der Praxis ist es jedoch so, dass es die Ziele sozusagen in zwei Ausfertigungen gibt. Das hört sich dann in der Praxis so an:

Vorgesetzter: So, Herr Roland, heute sitzen wir also zusammen, um über Ihre Ziele für das kommende Jahr zu sprechen. Ich nehme mal an, dazu haben Sie sich schon Gedanken gemacht.

Mitarbeiter: Naja. Schon. Ich hab mal eine Liste mitgebracht, was ich dazu so an Ideen habe.

Vorgesetzter: Prima. Dann zeigen Sie mal her.

Mitarbeiter: Also, ich hab da als ersten Punkt die Projektzahlen. Da hab ich jetzt mal vorsichtig Fünfhunderttausend eingesetzt. Keine Ahnung, ob das wirklich zu schaffen ist. Und eigentlich liegt das ja auch gar nicht in meinen Händen.

Vorgesetzter: Aber Sie sind natürlich schon ein wichtiges Projektmitglied. Woran hängt das denn, ob die Fünfhunderttausend zu schaffen sind oder nicht?

Mitarbeiter: Einmal daran, wie viel Zeit die anderen Projektmitarbeiter haben.

Vorgesetzter: Ah, ja.

Mitarbeiter: Und dann natürlich daran, wie viel wir aus den Lieferanten herausholen können.

Vorgesetzter: Jaja, das ist schon bitter heutzutage! Aber bei dem Margen-Druck, was kann man machen?!

Mitarbeiter: Ja, also, da könnte man jedenfalls nochmal die Daumenschrauben anziehen. Der Unger hat schon Vorschläge gesammelt, bei welchen Partnern wir die besten Chancen haben, weil die von uns abhängig sind.

Vorgesetzter: Okay. Aber man könnte ja versuchen, die auszunehmen, die sonst gar keinen Gewinn mehr machen.

Mitarbeiter: Ja, das könnten wir ja berücksichtigen.

Vorgesetzter: Gut, dann wollen wir mal. Tragen wir die Fünfhunderttausend doch gleich ein, dann haben wir schon mal etwas Konkretes stehen.

Mitarbeiter: Ach, (*atmet schwer*) ich weiß nicht recht, und wenn wir das nun nicht schaffen? Sie wissen doch, es kann immer was dazwischen kommen…

Vorgesetzter: Ja, klar. Aber das können wir dann ja unterjährig anpassen, wenn es tatsächlich knapp wird. Und wenn Sie das Ziel tatsächlich verfehlen und es hat nicht an Ihrer Leistung gelegen, dann regeln wir das schon. Jetzt versuchen Sie es erst einmal damit.

Mitarbeiter: Na gut, wenn Sie meinen.

[…]

In dem Gespräch gibt es also am Ende ein **offizielles Ziel**, konkret und messbar wie gefordert, und ein **inoffizielles Ziel**, vage und ergebnisoffen.

An den folgenden Beispielzielen können Sie sich im Umformulieren von Zielen hin zu einer positiven, konkreten und absoluten Darstellung üben. Da Sie eine ähnliche Übung bereits aus dem Kapitel über Visionen kennen, haben wir es diesmal etwas kniffliger gemacht. Vielleicht werden Sie daher jeweils ein wenig überlegen müssen, wo genau bei dem einzelnen Ziel eigentlich das sprachliche Problem liegt, das einer bildlichen Vorstellung zuwider läuft.

Bestehendes Ziel	**Ihr Vorschlag für eine handlungsleitende Formulierung**
(1) Wir streben eine Umsatzerhöhung um zehn Prozent an.	
(2) Wir reduzieren unsere Fehlzeiten drastisch.	
(3) Im Mittel spart jede Serviceabteilung dreißigtausend Euro an Kosten ein.	
(4) Wir planen einen Börsengang für das kommende Jahr.	

Im Folgenden finden Sie jeweils unseren Vorschlag für eine Umformulierung. Wo es uns passend erschien, haben wir auch gleich ein paar Anmerkungen zum Thema „Moralische Ziele“ hinzugefügt.

(1) Wir streben eine Umsatzerhöhung um zehn Prozent an.
Unser Umsatz beträgt in – hier Jahreszahl einsetzen – 310 Mio. Euro.

Der eine oder andere Leser mag bei dem Beispiel gestutzt und gedacht haben, das sei doch eigentlich eine positive, konkrete und absolute Formulierung. Doch wenn man einmal genau hinschaut, kann man feststellen, dass erstens *anstreben* eine Absichtserklärung ist, ähnlich dem bereits erwähnten *versuchen*, dass zweitens *Prozent*angaben relativ sind, nämlich erst sinnvoll werden, wenn man ihre Bezugsgröße kennt, und dass sie mit keinerlei visueller Information ausgestattet sind, und drittens ist eine Umsatz*erhöhung* bei Lichte betrachtet ein Komparativ. Sagen Sie stattdessen doch einfach, wie viel Geld es denn sein soll.

(2) Wir reduzieren unsere Fehlzeiten drastisch.
In diesem Jahr wird die durchschnittliche Anwesenheit unserer Mitarbeiter auf xy Tage erhöht.

Fehlzeiten reduzieren ist ganz klar negativ. Da „sieht" man doch gleich, wie in der Erkältungszeit und nach Wochenenden die Schreibtische leerbleiben. *Drastisch* klingt zwar martialisch, bietet aber keinen konkreten Anhalt, wie denn der angestrebte Zustand aussehen soll.

Und dann kommt noch dazu, dass dieses Ziel im Stile eines verkappten Vorwurfs daher kommt. Dabei sollte man stets im Auge behalten, dass die Adressaten dieses Zieles es ja ebenfalls lesen und sich ihr Teil dazu denken werden. Hier kann man einen kurzen Hinweis auf auch in dieser Hinsicht moralisch korrekte Zielsetzung einflechten: Dass Ziele eine **indirekte Schuldzuweisung** enthalten, besonders dann, wenn sie den zu vermeidenden Zustand beschreiben, ist relativ verbreitet. Gegen diese Vorwürfe kann sich der davon Betroffene schwer oder gar nicht zur Wehr setzen, denn „eigentlich ist dazu ja gar nichts gesagt". Dennoch steckt im Reduzieren der Fehlzeiten implizit, dass da der eine oder andere *ohne Notwendigkeit* nicht zur Arbeit erscheint, denn sonst wäre das Ziel ja sinnlos. Das kann das Vertrauensverhältnis

empfindlich stören („Die glauben mir ja ohnehin nicht!“). Und auch in puncto Zielerreichung kann diese Art, unterschwellig nach den Schienbeinen zu treten, kontraproduktiv werden – was nicht heißen soll, dass man nicht handeln wird, wenn tatsächlich ein gezielter Verdacht bei einem einzelnen Mitarbeiter entsteht; es geht allein um die Vermeidung einer kollektiven Vorverurteilung. Da auch nicht explizit gesagt wird, worum es bei dem Ziel wirklich geht, entwickelt wahrscheinlich jeder seine eigene Strategie, dem Vorwurf für sich persönlich auszuweichen. Dann erscheint man möglicherweise krank zur Arbeit mit dem Ergebnis, dass man seine Kollegen auch noch mit der Erkältung ansteckt. Oder es kommt zu verärgerten Trotzreaktionen, so dass man auch mit ein bisschen Ziehen im Rücken schon lieber im Bett bleibt, anstatt sich ins Büro zu „quälen“. Nicht anders sieht das aus, wenn wieder einmal die Außenstände reduziert, die Ausfallrate gesenkt oder Reklamationen vermieden werden sollen. Geht man von hier zurück zu dem Unternehmenswert „Vertrauen“ und der dazugehörigen Vision von „Vertrauensvoller Zusammenarbeit im Unternehmen“, so sieht man, wie leicht man bei der Festlegung von Zielen, ohne es zu merken, davon abweichen kann.

(3) Im Mittel spart jede Serviceabteilung dreißigtausend Euro an Kosten ein.

Wir haben für jede unserer Serviceabteilungen neue Budgets für – hier Jahreszahl einsetzen – festgelegt. Diese sind im Einzelnen: …

Fangen wir einmal mit dem einfacheren Punkt an: *Kosten sparen* ist wiederum ein negativer Ausdruck. Manchmal wird dieser Satz umformuliert zu *„weniger Geld ausgeben“*, aber Sie sehen sicher selbst, dass das nicht wirklich besser ist. Sagen Sie lieber, wie viel Budget zur Verfügung steht. Kritisch sind Ziele, die auf *Durchschnitten* und *Mittelwerten* basieren, denn sie sind indirekt relativ. Solange keine klaren Absprachen existieren,

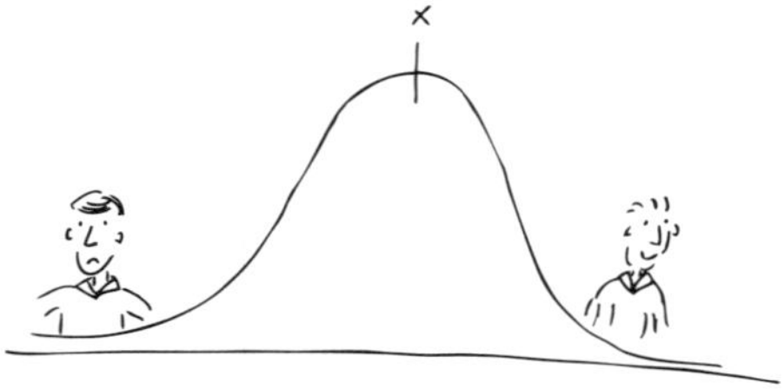

wem denn nun welches Budget zugesprochen wird, ist für jeden Einzelnen unklar, was von ihm erwartet wird. Außerdem kann man sich innerlich gemütlich zurücklehnen. Sollen doch erst einmal die anderen sparen. *Im Mittel* kommt das dann schon wieder hin.

Zusätzlich lässt sich an dieser Stelle noch anmerken, dass Ziele dieser Art an ihrem eigenen Sinn rütteln. In der Management-Literatur wird zwar durchgängig vor der „Rasenmäher-Methode" gewarnt und vor jeder Art von verallgemeinerter Anweisung ohne Betrachtung der Hintergründe. So lassen sich möglicherweise in der IT-Abteilung eher Kosten einsparen durch veränderte Technik und Vereinheitlichung von Programmen, während die Interne Revision, deren Kosten nahezu vollständig aus Personal- und Reisekosten bestehen, sich da schwerer tut. Wenn dann aus purer „Notwendigkeit" – schließlich möchte auch der Leiter der Revision nicht auf seine Zielerreichung verzichten – das Reisen eingeschränkt wird, läuft das direkt dem Existenzgrund der Abteilung zuwider.

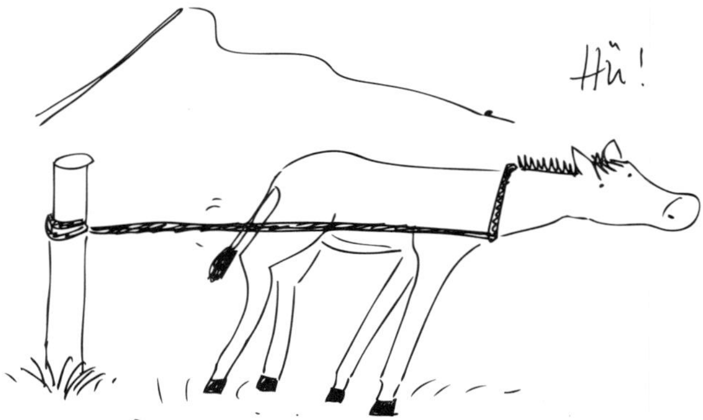

Damit unterhöhlt man nicht nur das Verständnis der Mitarbeiter für interne Anweisungen und leistet wieder unterschwelligen Gegenreaktionen Vorschub. Man nutzt auch gegenläufige Steuerungsmechanismen (erst eine Revision einrichten und sie dann an der Arbeit hindern), und ob das zu moralisch korrektem Handeln und zu Entscheidungen „zum Wohle der Firma" umgedeutet werden kann, bleibt fraglich.

(4) Wir planen einen Börsengang für das kommende Jahr.
In – hier Jahreszahl einsetzen – gehen wir an die Börse.

Planen ist Ihnen vermutlich gleich verdächtig vorgekommen. Dahinter verbirgt sich auch wieder eine Absichtserklärung à la *versuchen*. Und das *kommende* Jahr kann man mit der Jahreszahl eindeutiger benennen, sonst lässt sich das Ziel schließlich nahtlos im nächsten Jahr und zur Not auch im übernächsten noch „wiederverwenden".

Gehen wir nun gedanklich noch einmal zu dem Gesprächsausschnitt mit den Zielvereinbarungen zurück. Zusätzlich wird an dem Beispiel noch etwas Weiteres klar, nämlich warum die sprachliche Ausformulierung von Zielen überhaupt unter **unternehmensethischen** Gesichtspunkten relevant sein kann. Wenn Sie sich noch einmal vor Augen führen, dass die Unternehmensziele ja der Weg sind, auf dem die Werte und Prinzipien ihren Weg in die Praxis finden, mag das deutlich werden. Was nützt es, wenn der Vorstand der Firma festlegt: „Wir arbeiten mit all unseren Geschäftspartnern vertrauensvoll und zum gegenseitigen Nutzen zusammen", wenn spätestens bei der Festlegung der Ziele darauf keine Rücksicht mehr genommen wird, sondern nur noch „der Markt" und „die Zahlen" regieren. Und in dem Ziel „Wir wollen für unsere Rohstoffe weniger zahlen" geht dieses heimliche Verschieben der Grenze dessen, was als akzeptabel gilt, viel eher unter als in einer echten Zielbeschreibung.

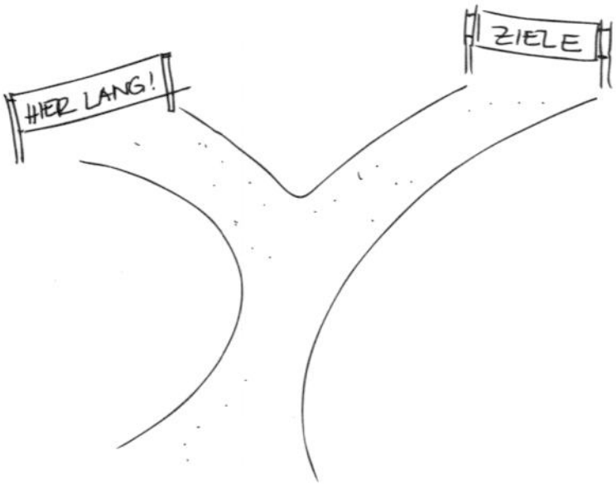

Und auch bei ganz anderen Zielen spielen die Details eine Rolle. Wenn ein Unternehmen sich vornimmt, „in diesem Jahr mehr Geld für wichtige soziale Aktivitäten bereitstellen" zu wollen, dann kann das in konkrete Spenden und Aktionen münden, muss es aber nicht unbedingt. Und „mehr Geld" wäre ja theoretisch schon mit einer Steigerung um einen Euro erreicht; das war aber wohl kaum gemeint. Und was nützt ein Ziel zur Umsetzung der ethischen Vorgaben, wenn es nicht vorgibt, wie zu handeln und was zu erreichen ist.

Kommen wir nun zum nächsten Aspekt, der bei der Festlegung von Zielen zu beachten ist:

(2) Ziele sollten mit einer Erfolgskontrolle verbunden sein.

Die Messbarkeit von Zielen ist ein kompliziertes Thema. Im Grunde folgt aus ihr die Forderung der ersten Regel, denn nur was positiv, konkret und absolut darstellbar ist, kann überhaupt messbar sein. Wir wollen uns hier mit drei Teilthemen beschäftigen, nämlich mit der Messbarkeit als Voraussetzung für Steuerung, Messbarkeit als Leistungsdruck und dem Problem der indirekten Zielselektion (was das ist, verraten wir gleich).

Messbarkeit als Erfordernis für Steuerung: Die Lenkung eines Unternehmens ebenso wie der Vorsitz eines Vereins oder einer anderen Organisation und sogar unser Privatleben lassen sich als eine ungeheure Vielzahl von **Regelkreisen** denken. Dieser Begriff kommt aus der Technik und bezeichnet ein System, bei dem das Ergebnis kontinuierlich gegen die Sollvorgaben abgeglichen wird. Aus einer festgestellten Differenz ergibt sich dann, ob und wieweit in das System eingegriffen werden muss, um den Zielwert zu erreichen. Diesen Vorgang bezeichnet man als **Feedback**. Sie selbst kennen das beispielsweise von der Beobachtung der Geschwindigkeit beim Autofahren. Regelmäßig überprüft der Fahrer mit kurzem Blick, ob er die an dieser Stelle geltende Geschwindigkeitsbegrenzung einhält oder nicht. Dementsprechend gibt er mehr oder weniger Gas oder bremst sogar. Der Tempomat macht nichts anderes, nur in elektronischer Form.

Dasselbe läuft auch bei nicht-technischen Prozessen ab. Man nimmt sich etwas vor und prüft immer mal wieder, ob man noch auf dem richtigen Weg ist, man schon weit genug gekommen ist und hoffentlich auch, ob das Ziel überhaupt noch Sinn macht oder insgesamt angepasst werden muss. Wenn man seine Zielerreichung nicht misst, kann man auch nicht feststellen, ob man die gesetzten Ziele wirklich erreicht hat.

Dieses Postulat der Messbarkeit hat allerdings auch seine Schattenseiten. Wir müssten uns beispielsweise sehr irren, wenn auf dem Schreibtisch unserer Leser nicht auch tagtäglich Berichte sowohl landen als auch entstehen, die vordergründig der Steuerung des Unternehmens dienen sollen. Leider haben diese Berichte oft folgende Eigenschaften:

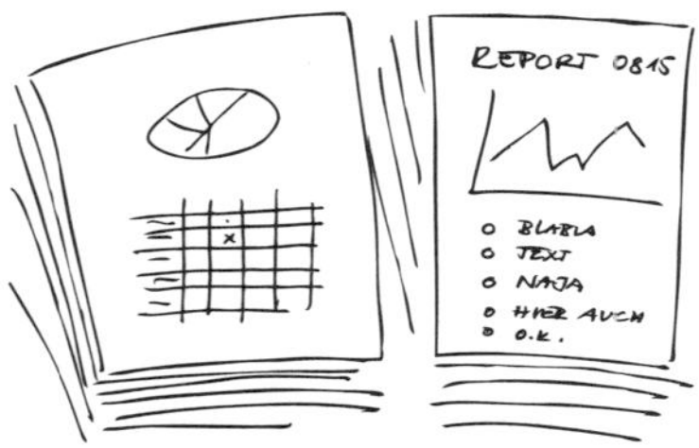

- Sie sind zu lang und zu zahlreich, um sie immer ganz zu lesen.
- Sie enthalten viele verschiedene Kennzahlen in Kombination, von denen die allermeisten nicht selbsterklärend sind, aber auch nicht mit einer verständlichen Erläuterung versehen werden.
- Viele der Kennzahlen sind für die Steuerung des Unternehmens nicht wirklich relevant oder sogar ungeeignet.

Das entspricht bei einem großen Unternehmen in etwa dem Fahren eines Formel-1-Wagens mit verschmiertem Helmvisier. Will man also wirklich seine Werte und seine Vision um- und durchsetzen, dann gilt es, hier – als Teil der Unternehmenskultur – für Klarheit zu sorgen.

Messbarkeit als Leistungsdruck: Wir sind spätestens seit dem Eintritt in die Schule daran gewöhnt, dass wichtige Leistungen gemessen werden. Und umgekehrt lernen wir schon als Schüler sehr schnell, dass, was nicht gemessen wird, unwichtig ist. Ob also ein Ziel Gewicht hat, wird daran deutlich, dass der Grad seiner Erreichung sichtbar gemacht wird, eben gemessen. Je konsequenter Ziele gemessen und die Ergebnisse sichtbar gemacht werden, umso ernsthafter werden sie auch verfolgt.

An dieser Stelle kommt nun wieder die Moral ins Spiel, ist die Messbarkeit von Zielen doch heute für Unternehmen in der Regel mit persönlichen Zielvereinbarungen und auch mit Bonuszahlungen an die Mitarbeiter verbunden. Dabei gilt es, ein System aufzubauen, das die **richtigen Steuerungsimpulse** setzt, und das eben auch unter unternehmensethischen Gesichtspunkten. Wer in einer Firma „etwas werden" möchte, tut gut daran, seine Ziele mit Nachdruck zu verfolgen, um in der Beurteilung Bestnoten zu erzielen. Moralische Bedenken der Art „eigentlich geht mir das gegen den Strich" werden dabei vielleicht beiseite geschoben. Kann doch mancher relativ leicht die eigene Verantwortung verdrängen, seine Hände in Unschuld waschen und die Schuld auf „die Firma" schieben – die aber an dieser Stelle auch nicht mehr ist als die Summe der Handlungen ihrer Mitarbeiter.

Ziele sollten daher erst einmal direkt auf ihren moralischen Gehalt und dann im Gespräch mit dem Mitarbeiter auch auf die bei ihm dafür vorhandene Akzeptanz überprüft werden. Gerade in Abwägungsprozessen zwischen finanziellem Nutzen und Punkten wie Sicherheit, Umweltschutz, Arbeitsplatzsicherheit oder sozialer Verantwortung gewinnt sonst allzu leicht das Portemonnaie.

Indirekte Zielselektion: Unter indirekter Zielselektion verstehen wir die starke Tendenz in Richtung zur Auswahl von Zielen, deren Messbarkeit gegeben ist oder relativ einfach hergestellt werden kann. Die in Unternehmen existierenden Zielvereinbarungssysteme und die Koppelung des Bonus an die Zielerreichung zwingen geradezu dazu. Unglücklicherweise ist das gerade für diejenigen Themenschwerpunkte, die zur Umsetzung der Vorgaben aus der Unternehmensethik gehören, selten der Fall. Für Technik, Produktion und die kaufmännischen Bereiche wie Einkauf und Vertrieb lassen sich mit einer gewissen Leichtigkeit messbare Ziele finden, indem man sich einfach an den ohnehin verfügbaren Kenngrößen orientiert. Legt also ein Mitarbeiter gemeinsam mit seinem Vorgesetzten die Jahresziele fest, so neigen beide Seiten zum Ausweichen vor Zielen, bei denen ihnen zum Thema Messbarkeit nichts einfällt. Diese Zielselektion führt dazu, dass die entsprechenden Punkte aus Vision und Strategie sträflich vernachlässigt werden. Denn die Frage ist ja tatsächlich: Wie misst man Vertrauen? Oder Ehrlichkeit? Oder Zufriedenheit?

Es gibt zwar Ansätze dazu, solche Fragen über anonyme Fragebogenaktionen zu lösen. Wer sich jedoch die typischen Ergebnisse ansieht und parallel mit den Mitarbeitern direkt spricht, dem kommen häufig Zweifel an der Verwendbarkeit der Umfragen. Ebenso wie jeder vernünftige Kunde bei einer Kundenzufriedenheitsumfrage ankreuzt, die Preise seien zu hoch – sonst hätte er seinen Beruf als Einkäufer verfehlt – ergeben auch andere Umfragen tendenziöse Resultate. Schließlich ist allen Beteiligten klar, dass die Zahlen anschließend als Basis für Maßnahmen Verwendung finden sollen. Und sogar das ist häufig ein Irrglaube, wie folgender Ausschnitt aus einer typischen Besprechung verdeutlichen mag:

Grün: Gut, meine Damen und Herren, kommen wir zum letzten Tagesordnungspunkt. Seit letzter Woche liegen die Ergebnisse unserer Mitarbeiterumfrage vor. Frau Roth, vielleicht möchten Sie kurz dazu Stellung nehmen.

Roth: Ja, die Umfrageergebnisse hatte ich Ihnen ja schon zugeleitet. Wie Sie sehen, liegen wir mit dem Zufriedenheitswert unverändert im untersten Segment.

Schwarz: Ah, ja? Und was werden wir jetzt unternehmen?

Roth: Gar nichts. Das ist völlig normal, dass die Mitarbeiter unzufrieden sind, wenn so große Umbrüche passieren wie bei uns zurzeit.

Schwarz: Naja, soo normal finde ich das gar nicht. Das können wir doch nicht einfach hinnehmen. Ich habe ohnehin immer Probleme, gute Leute zu finden. Wenn mir jetzt noch einer abspringt, stehe ich da.

Blau: Ach was! In der derzeitigen wirtschaftlichen Lage, da springt keiner ab. Die Leute sind doch froh, dass sie untergekommen sind.

Roth: Genau! Und bis sich die Lage auf dem Arbeitsmarkt wieder bessert, sind wir auch aus dem Gröbsten raus.

Grün: Gut, dann wäre das ja geklärt. Dann lassen Sie uns mal Schluss machen für heute.

Auch dies ist ein gutes Beispiel für indirekte Zielselektion. Da gäbe es ein Ziel, nämlich die Aufrechterhaltung der Mitarbeiterzufriedenheit während der Umorganisation – ganz nebenbei: warum sollte man sich dabei an denen orientieren, die dieses Problem *nicht* gelöst haben? Das macht man bei anderen Geschäftsentscheidungen doch auch nicht – und dieses Ziel würde auch noch einen der Kernsätze der bestehenden Unternehmensvision sowie einen der grundlegenden Unternehmenswerte stützen. Da aber dort keine Standardrezepte verfügbar sind, wird das Problem einschließlich aller Ziele schlicht wegdiskutiert.

An anderer Stelle werden mehr oder weniger hilflose Versuche einer quantitativen Messung unternommen. „Wir kommunizieren offen und ehrlich mit unseren Mitarbeitern“ wird dann zu einer Zielvereinbarung, die da lautet: „Jeder Vorgesetzte ist verpflichtet, im Jahr vier Informationsveranstaltungen für seine Abteilung zu organisieren. Über die Anwesenheit werden Teilnehmerlisten angelegt“. Dass sich damit allerdings Offenheit und Ehrlichkeit messen ließen, wäre uns neu.

Was also kann man tun, um die Erreichung der unternehmensethisch motivierten Ziele gleichberechtigt zu betrachten und indirekte Zielselektion zu vermeiden? Zum einen sollte man eine Zuordnung aller Ziele zur Unternehmensvision und den übergeordneten Unternehmenszielen treffen und dafür sorgen, dass jeder mit seinen Zielen auch zu jedem der Hauptthemen etwas beiträgt. Wenn man am Ende 90 % aller Zielvereinbarungen auf das Umsatzziel, aber nur 0,05 % auf das Ziel Mitarbeiterzufriedenheit bezogen findet, haben dort die Steuerungsmechanismen versagt. Zum anderen gibt es für die Messbarkeit nur eine Abhilfe, und zwar die, die konkrete zahlenbezogene Messbarkeit an dieser Stelle aufzugeben, sich von Pseudostatistiken zu befreien und den angestrebten Zustand rein phänomenologisch zu betrachten. Das wäre dann der Übergang von der technischen „Messbarkeit" zur **Überprüfbarkeit** der Zielerreichung. Dazu bedarf es von Seiten der Führungskräfte und vor allem von Seiten der Unternehmensleitung eines gehörigen Maßes an persönlichem Einsatz sowie an Offenheit, Ehrlichkeit, vertrauensvoller Zusammenarbeit und – dazu in Kapitel 10 – persönlicher Integrität. Sollte also schon auf diesen Ebenen ein echtes Gespräch über diese Fragen nicht möglich sein, brauchen Sie gar nicht weiter nachzudenken: Sie sind noch lange nicht am Ziel.

Zu dieser Thematik bieten wir Ihnen eine Übung an, die naturgemäß keine definierte Lösung haben kann. Wenn Sie möchten, überlegen Sie doch einmal, wie Sie selbst feststellen würden, ob die in der nachfolgenden Tabelle angegebenen Ziele erreicht wurden oder nicht:

Ziel	**Wie man die Zielerreichung feststellen kann**
Unsere Mitarbeiter verfügen stets über das notwendige aktuelle Wissen.	
Unsere Kunden sind mit unserer Leistung zufrieden.	

Ziel	Wie man die Zielerreichung feststellen kann
Bei uns herrscht ein Klima vertrauensvoller Zusammenarbeit im Team.	
Unsere angehenden Führungskräfte werden entsprechend auf ihre künftigen Aufgaben vorbereitet.	

Im Folgenden finden Sie jeweils unsere Gedanken für eine Überprüfung der Zielerreichung:

(1) Unsere Mitarbeiter verfügen stets über das notwendige aktuelle Wissen.

Motivierte Mitarbeiter bilden sich gern weiter. Dazu lesen sie Fachzeitschriften, nehmen an Veranstaltungen teil und besuchen Kurse und Seminare und so weiter. Übliche Versuche zur Messung dieses Ziels gehen meist in die Richtung, die Seminar- und Trainingstage pro Mitarbeiter zur Basis zu nehmen. Das ist erst einmal wieder der rein quantitative Ansatz, der noch nichts darüber aussagt, ob der Mitarbeiter nun weiß oder kann, was er benötigt. Will man darüber hinausgehen, werden gelegentlich nach einem Trainingsbesuch Gespräche mit dem Vorgesetzten angesetzt, in denen der Mitarbeiter über den Erfolg der besuchten Maßnahme Rechenschaft ablegen soll. Im Idealfall wird ein Vorgespräch vor der Anmeldung klären, welcher Nutzen überhaupt von dem Besuch der Maßnahme erwartet wird.

Aber Sie können auch noch weitergehen. Vorgesetzte können sich auch im Gespräch dafür interessieren, wie die ihnen unterstellten Gruppen- oder Abteilungsleiter die Weiterbildung und das Einholen von Informationen über neue Entwicklungen, beispielsweise neue Gesetze oder Normen, organisiert haben. Dabei merkt man im Gespräch relativ bald, ob sich der andere wirklich Gedanken gemacht hat und ob das Verfahren auch funktioniert.

(2) Unsere Kunden sind mit unserer Leistung zufrieden.

Zu diesem Punkt hörten wir einmal von einem Kursteilnehmer, der mit der Beantwortung komplizierter Kundenanfragen betraut war, eine interessante Lösungsvariante:

„Wissen Sie, ich mache das so: Ich lege für jeden Kunden und für jede Anfrage einen Ordner auf dem Rechner an. Und jeder Vorgang wird von mir so bearbeitet, dass am Ende zwei Mails stehen. Einmal das Dankeschön des Kunden und einmal das Dankeschön des zuständigen Vertriebsmitarbeiters für die gute Betreuung und die angenehme Zusammenarbeit."

Während die üblichen Reklamationsstatistiken und Lieferantenbewertungen zwar registriert werden, aber im Grunde niemand wirklich berühren, findet sich hier ein Weg, wie jemand für sich selbst feststellt, ob er mit seiner Arbeit und seiner Leistung in Bezug auf das Ziel zufrieden ist.

(3) Bei uns herrscht ein Klima vertrauensvoller Zusammenarbeit im Team.

Um festzustellen, wie gut die Zusammenarbeit in der eigenen Abteilung ist, genügt es meist, Augen und Ohren offenzuhalten. Punkte, auf die man – je nach dem Umständen – dabei achten kann, sind beispielsweise:

- Bei neuen Projekten werden die anderen Gruppen- oder Abteilungsmitglieder wie selbstverständlich mit einbezogen, falls ihr Wissen benötigt wird. Aus Gesprächen entnehmen Sie, dass sich die Teammitglieder gegenseitig um Rat fragen und Probleme gemeinsam diskutieren.
- Die Mitarbeiter der Abteilung reden positiv und wertschätzend übereinander.
- Bei der Präsentation von Ergebnissen wird die Teamleistung oder der Beitrag aller Beteiligten in den Vordergrund gestellt.

Wir sind sicher, dass Ihnen dazu sofort weitere Punkte einfallen. Im Grunde wird hier deutlich, wie sehr sich qualitative Überprüfung der Zielerreichung und Vision gleichen. Auch hier stellen Sie sich den Zustand bildlich vor, der Ihrem angestrebten Ziel entspricht, und vergleichen die Wirklichkeit damit.

(4) Unsere angehenden Führungskräfte werden entsprechend auf ihre künftigen Aufgaben vorbereitet.

Dieser Punkt ist dem ersten aus dieser Übung ja nicht so unähnlich, und die Lösung wird daher auch eine ähnliche sein. An dieser Stelle geht es zusätzlich um die Frage der Persönlichkeitsentwicklung. Daher ist der enge Kontakt mit dem jeweiligen Mitarbeiter besonders wichtig.

Während die quantitative Zielerreichung theoretisch jeder Praktikant aus den verfügbaren Zahlen ablesen und errechnen kann, ist diese Form der qualitativen Bewertung des Unternehmenserfolgs eine klare Managementaufgabe und erhöht ganz nebenbei die Glaubwürdigkeit für die übernommene unternehmerische Verantwortung.

Allein damit, die Unternehmensziele oder auch die eigenen Lebensziele in ihrer Erreichung messbar oder überprüfbar zu machen, ist es nicht getan. Ferner gilt nämlich:

(3) Die Gesamtsicht der geltenden Ziele sollte widerspruchsfrei sein.

Wir ahnen wohl richtig, dass gerade ein breites Grinsen auf Ihrem Gesicht erschienen ist. Selten ruft eine Forderung so viel Heiterkeit, aber auch so viel Sarkasmus hervor wie die nach der Widerspruchsfreiheit von Zielen. Gern wird sogar die gerade nicht hergestellte Widerspruchsfreiheit damit begründet, im Unternehmen herrsche eben „catch and balance", also eine Art Kampfabstimmung der einzelnen Zielinhaber untereinander.

Üblich in Unternehmen sind heute sogenannte **Zielkaskaden**, bei denen jede Hierarchieebene nacheinander Ziele festlegt, die jeweils die Ziele der Ebene darüber unterstützen und zu erreichen helfen. Als Überbau gibt es dann die sogenannte **Balanced Scorecard**, in der die großen Unternehmensziele, die sich direkt aus der Strategie ableiten, zusammenlaufen. Über Theorie und Praxis der Balanced Scorecard gibt es zahlreiche Bücher und Veröffentlichungen, so dass wir hier nicht näher darauf eingehen wollen.

Dass ein Unternehmen auch sich widersprechende Ziele verfolgen wird und muss, ergibt sich aus der Vielzahl der Anforderungen. So stehen beispielsweise die Minimierung des in Form von Lagerbeständen gebundenen Kapitals und die jederzeitige Befriedigung von Kundenbedürfnissen erst einmal im Gegensatz zueinander. Wesentlich dabei ist, Transparenz herzustellen, indem klargemacht wird, welches Ziel in welchem Maße zu erreichen ist, welchen Zielen es entgegensteht und welches Ziel im Konfliktfall Priorität bekommt.

Und im Idealfall entspricht diese **Prioritätensetzung** genau der Reihenfolge, die man seinen Unternehmenswerten geben will. Wenn also Kundenzufriedenheit an oberster Stelle steht, dann sollte auch das Ziel der Lieferfähigkeit höher bewertet werden als die Reduzierung des Working Capital. Es sei hier noch einmal *Robert Bosch* zitiert mit seinem Grundsatz: „Lieber Geld verlieren als Vertrauen."

Dieses Gleichgewicht der Kräfte herzustellen und die Reihenfolge der Ziele vorzugeben, ist Führungsaufgabe:

(4) Die Ziele sollten mit den Unternehmenswerten sowie mit der Vision und der gewählten Strategie abgeglichen sein und zu ihrer Erreichung beitragen – die Ziele selbst sollten unter ethischen Gesichtspunkten geprüft werden

Zu diesem Punkt gibt es im Grunde nicht viel mehr zu sagen, als wir bereits zu den vorangegangenen Punkten ausgeführt haben. Die

Schwierigkeit dabei ist, dass es kaum jemanden gibt, der diese Anforderung nicht liest oder hört und bekräftigend nickt – und ebenfalls kaum jemanden, der auch danach handelt. Denn wie die Umsetzung der meisten unbestrittenen Wahrheiten erfordert das Zeit und Mühe und die Beschäftigung mit der Frage: Wie wählt man Ziele so, dass sie tatsächlich der Erreichung der Unternehmensvision dienen?

Im Prinzip ist das ein höchst simpler Vorgang. Man prüft schlicht die übergeordneten Ziele einzeln und vollständig gegen die Unternehmenswerte und gegen die Vision.

Nehmen wir als Beispiel einmal das Ziel eines fiktiven Unternehmens:

„Wir reduzieren die Kosten bei jedem Lieferanten um 10 %."

Und dazu die Unternehmenswerte:

Soziale Verantwortung, Respekt, Fairness, Loyalität

Und die Vision:

Wir werden eine langfristige und fruchtbare Zusammenarbeit mit all unseren Geschäftspartnern zum gegenseitigen Nutzen aufgebaut haben, denn wir wollen auch in hundert Jahren noch miteinander lohnende Geschäfte machen.

Hier sind wir wieder bei dem Punkt „Leben und leben lassen" angelangt. Selbstverständlich geht es nicht darum, nun aus moralischen Erwägungen auf jeden wirtschaftlichen Nutzen zu verzichten. Im Gegenteil, es ist ja ausdrücklich der *gegenseitige* Nutzen gefordert. Der steht allerdings in Frage, wenn beispielsweise ein Großunternehmen einen kleinen Lieferanten massiv unter Druck setzt, nur um gleichmäßig die zehn Prozent durchzusetzen. Von Fairness kann dann nicht mehr die Rede sein. Und soziale Verantwortung schließt auch ein, dass man einem Kleinunternehmer nicht Knall auf Fall alle Aufträge entzieht oder ihn gar mit der Drohung davon zum Nachgeben zwingt. Im Einzelfall wird es dabei durchaus längere Diskussionen darüber geben, was noch in Ordnung ist, um beispielsweise eine Gewinnerhöhung zu erzielen, und was nicht mehr.

Bei all diesen Fragestellungen spielen Charakter, innere Einstellung und moralische Auffassung derer eine Rolle, die die Lage beurteilen und die Ziele absegnen. Umso wichtiger, dass die Prüfung auf moralische Angemessenheit von Zielen nicht Aufgabe einer Einzelperson ist, sondern in einem Führungsteam erfolgt und, wenn möglich, das Feedback unabhängiger Dritter einschließt. Der Harvard-Professor und Psychologe *Howard Gardner* nennt als notwendige Quellen von Feedback, die man als Führungskraft bewusst suchen oder sich aufbauen sollte:

- Jemanden, der die eigenen Handlungen und deren Auswirkungen erlebt (intern)
- Jemand Unabhängigen, zum Beispiel einen guten Freund oder ein Familienmitglied (extern)
- Ein echtes Aufsichtsgremium, dass seine Rolle ernst nimmt

Zum Abschluss dieses Kapitels möchten wir Ihnen, falls Sie persönliche Zielvereinbarungen abgeschlossen haben, Folgendes vorschlagen. Sie haben ja vermutlich noch die Liste Ihrer Werte aus Kapitel 3. Nun nehmen Sie sich dazu parallel die Liste Ihrer Ziele vor und prüfen jedes gegen diese Werte ab. Das Gleiche können Sie natürlich auch mit Ihren guten Vorsätzen zum Jahresbeginn, Ihrer Erledigungsliste für zuhause und anderen, ähnlichen Zielen tun.

Und nun fragen Sie sich:

- Wo gibt es Diskrepanzen?
- Wie bewerten Sie diese?
- Sind einige davon unter moralischen Gesichtspunkten als kritisch zu betrachten?

Und wenn ja:

- Welche Konsequenzen werden Sie jetzt daraus ziehen?

Wert-Ziel-Konflikt	**Konsequenz**

Mit diesen Überlegungen ist die Kette, die von den Werten über Vision und Strategie zu den Zielen führt, abgeschlossen. Parallel dazu werden die Unternehmenswerte aber noch auf einem zweiten Weg in die Praxis übertragen, nämlich über Verhaltensregeln und entsprechende Kontrollen. In den vorangegangenen Kapiteln ist ja bereits deutlich geworden, welche Rolle die Sprache und die dahinter liegenden inneren Bilder spielen. Für die Festsetzung von Regeln und Kontrollen ist es nun nicht visuelle Information allein. Sprache transportiert auch die zu Grunde liegende innere Einstellung dem Adressaten gegenüber. Auf dem Weg über psychologische Mechanismen bewirkt sie so die Wirkung und Effektivität von Regeln und Kontrollen oder eben den Mangel daran. Darum soll es in den nun folgenden Kapiteln gehen.

7. Wertschätzung und Lenkung im täglichen Umgang

In den vorangegangenen Kapiteln haben Sie bereits erfahren, welche Bedeutung **Sprache** bekommt, wenn man Werte in konkrete Handlungen umsetzen und seine Vision und seine Ziele erreichen will. An der Stelle ging es vorrangig um die suggestive Bedeutung für das Unterbewusstsein, die einer Aussage hinterlegt ist.

Noch wichtiger wird Sprache allerdings, wenn man für die Umsetzung mit anderen zusammenarbeitet oder, wie es eben in Unternehmen der Fall ist, die Mitarbeiter die Umsetzung übernehmen.

In einer Unterlage der Universität Edinburgh heißt es:

"Management is getting things done through people!"

Übersetzt bedeutet das in etwa, dass ein Manager seine Ziele über und durch andere Menschen erreicht. Darin liegt die Aufgabe von Führung.

Führung hat dabei unter ethischen Gesichtspunkten zwei Aspekte.

(1) Wertschätzung und Lenkung in der Vorbildfunktion.

Der erste Aspekt ist der, der in der entsprechenden Literatur gern als „Vorleben" bezeichnet wird – gemeint ist dann allerdings nicht eine pikante Vergangenheit, sondern selbst als Beispiel dafür zu stehen, wie man auch von anderen erwartet, dass sie handeln sollen. Gerade im Bereich von Compliance und Ethikrichtlinien wird leider nur zu gern nach dem Motto *„Quod licet Jovi, non licet bovi"* (Lat.: Was dem Jupiter erlaubt ist, ist dem Rindvieh noch lange nicht erlaubt) verfahren. Die Mitarbeiter haben sich an strenge Vorgaben zu halten, während die Chefs sich selbst alle Freiheiten genehmigen. Darauf angesprochen, reagiert mancher gern so:

„Was meinen Sie damit, das Geld der Firma ist nicht für privates Essengehen da?! Wenn ich meine, ich möchte mit einer Mitarbeiterin mal nett zum Mittagessen weggehen, nutzt das der Firma ja auch irgendwie. Die 50-Euro-Grenze kann ja wohl nicht für die oberen Führungsebenen

gelten. Lächerlich! Immerhin halte ich hier den Laden am Laufen. Und es muss ja schließlich noch Unterschiede geben!“

Die darin zum Ausdruck gebrachte Überheblichkeit und die Art und Weise, sich selbst eine Ausnahme zu genehmigen, macht schneller Schule, als jedem Vorgesetzten lieb sein kann. Denn man steht in dieser Rolle direkter und deutlicher unter Beobachtung, als man es sich jemals träumen lassen würde.

Vielleicht ist der eine oder andere von Ihnen im Laufe seines Lebens einmal von der Schüler- in die Lehrerrolle gewechselt und kennt folgende veränderte Wahrnehmung. Es ist erstaunlich: Wenn man beispielsweise bei einer Klausur Aufsicht führt, sieht man von vorn jede noch so kleine Abweichung von der normalen Sitzhaltung. Abschreiben und Abschreiben lassen mag einem als Schüler oder Student als ein sehr heimlicher Vorgang erschienen sein. Aus der Sicht des Aufsichtführenden ist das so deutlich sichtbar, dass man genauso gut offen die Zettel und Unterlagen austauschen könnte.

In einer ähnlichen **Beobachtungssituation**, quasi unter dem Vergrößerungsglas, befindet sich jede Führungskraft. Und „Der Chef oder die Chefin tut's doch auch“ wirkt tausendmal eindringlicher als jede „Predigt“ zum Thema Ethik und Compliance, in der dann von den Mitarbeitern das gegenteilige Verhalten verlangt wird.

Vielleicht mag Ihnen das unbehaglich vorkommen. Nur nützt es wenig, sich darüber hinwegzutäuschen: Man wird als Vorbild wahrgenommen, im Positiven ebenso wie im Negativen.

Gleichzeitig zeigt sich auch in diesen Verhaltensweisen bereits die innere Einstellung, die Thema dieses Kapitels sein soll. Äußerungen wie die oben zitierte zeigen nämlich, wie wenig Wertschätzung der Sprecher seinen Mitarbeitern entgegenbringt. Das sind oft Vorgesetzte, die ihre Mitarbeiter auch als „Subalterne“ bezeichnen. Und es zeigt, wie wenig die eigene Lenkungsfunktion verinnerlicht wurde.

Der zweite Aspekt ethischer Unternehmensführung nutzt die Sprache als Instrument. Der gesamte bislang betrachtete Überbau – Werte, Vision, Strategie, Ziele – wirkt ja in einer Organisation nicht von selbst, sondern muss in Handlungsanweisungen umgesetzt werden. Dazu gehört dann:

(2) Mit Wertschätzung und Lenkung kommunizieren.

An dieser Stelle werden Sie einiges dazu erfahren, woran es liegt, wenn – wie so oft – interne Regelungen und Vorgaben eben nicht umgesetzt werden oder nicht so, wie sie eigentlich gedacht waren. In Kapitel 8 wird es dann noch konkreter darum gehen, wie man Regeln aufstellt, die tatsächlich handlungsleitend wirken. Denn nur auf diesem Weg können Sie gemeinsam mit anderen erreichen, was Sie sich vorgenommen haben. Wir gehen jetzt einmal stillschweigend davon aus, dass Sie das möchten.

Lassen Sie uns nun also zunächst einen Blick auf die Sprache werfen, in der Viele üblicherweise und in durchaus bester Absicht ihre Anweisungen kommunizieren:

Ob Sie sich dessen bewusst sind oder nicht, in jeder Ihrer Äußerungen schwingt mit, **wie** Sie zum Gesprächspartner stehen. Der Grad an **Achtung und Respekt**, aber eben auch an Missachtung und Mangel an

Wertschätzung kommt dabei nicht nur in Ihren Worten, sondern auch durch Ihren Tonfall und Ihre Körpersprache zum Ausdruck.

Dasselbe gilt für Texte, in denen Sie jemanden direkt adressieren, sei es brieflich oder auch per Mail oder eben in schriftlichen Vorgaben und Anweisungen. Wenn Sie in der nächsten Zeit beim Lesen darauf achten, wird Ihnen möglicherweise auffallen, dass es sogar dort an vielen Stellen gelingt, über die Wortwahl gleichsam hörbar zu machen, in welchem Ton beim Schreiben gedacht wurde.

Dieses Verhalten anderen Menschen gegenüber kommt aufgrund von Einstellungen und inneren Überzeugungen zustande. In der Regel erfolgt unser Verhalten spontan. Wer genau hinhört, wird feststellen, dass die einzelnen Reaktionen eines Menschen in unterschiedlichen Situationen einander ähneln, unabhängig vom jeweiligen Gegenüber oder Thema.

Bevor wir näher darauf eingehen, was das für die Kommunikation innerhalb eines Unternehmens im Allgemeinen und für die Durchsetzung wirksamer **Handlungsvorgaben** bedeutet, laden wir Sie zu einer Übung ein. Dafür haben wir einen kleinen Test zusammengestellt, mit dem Sie entdecken können, wie Sie in unterschiedlichen Situationen reagieren.

Im Folgenden finden Sie **zehn Gesprächsausschnitte**, wie sie so oder ähnlich im Alltag vorkommen. Zu jeder Situation werden Ihnen dann sechs unterschiedliche Reaktionen angeboten, die jede für sich genommen das Gespräch in eine bestimmte Richtung führen. Wenn Sie sich die sechs Äußerungen durchgelesen haben, kreuzen Sie bitte die Antwort an, die Ihrer eigenen Reaktion am nächsten kommt. Sollte Ihnen gar keine Äußerung gefallen – was bei der Vielzahl der individuellen Möglichkeiten durchaus der Fall sein kann –, so kreuzen Sie einfach die Erwiderung an, die Ihnen am ehesten entspricht. Wenn Sie die Antworten spontan ankreuzen, werden Sie etwa 15 Minuten benötigen. Im Anschluss daran finden Sie eine Anleitung, wie Sie diesen Test selbst auswerten können.*

* Leser, die unser Buch „Professionelle Gesprächsführung“ bereits kennen, werden sich möglicherweise an die Übung „Entdecken der spontanen Gesprächshaltung“ erinnert fühlen. Bei aller äußerlichen Ähnlichkeit geht es im Folgenden um etwas ganz anderes, aber prüfen Sie am besten selbst.

Gesprächsausschnitt Fall 1

Eine neue Kollegin, mit der Sie gemeinsam ein größeres Meeting vorbereitet haben, spricht Sie zwei Tage vor dem geplanten Termin wie folgt auf dem Gang an:

„Gut, dass ich Sie treffe. Ich wollte fragen, ob es Ihnen viel ausmachen würde, das übermorgen allein zu machen. Eine Freundin fliegt nach Peking. Und jetzt ist ihr Mann krank geworden, und sie hat mich gefragt, ob ich stattdessen mitkomme. Das will ich mir natürlich nicht entgehen lassen."

Mögliche Reaktion:

1. Sie würden Ihre Zusage gern zurücknehmen und mit auf die Reise gehen. Mir dagegen ist es wichtig, dass wir als neues Team beim ersten Mal auch gemeinsam auftreten.
2. Das ist ja wohl eine absolute Unverschämtheit. Ich erwarte, dass Sie Ihre Zusagen einhalten. Eventuell müssen wir mal mit dem Chef darüber reden, wie er die Sache sieht.
3. Mensch, das klingt ja toll. Nein, das verstehe ich. Für mich bedeutet das zwar eine ganze Menge Stress, aber vermutlich wären Sie sowieso nicht mehr mit dem Herzen bei der Sache.
4. Ich kann gut nachvollziehen, dass Sie sich dieses einmalige Angebot nicht entgehen lassen möchten. Da Sie mich direkt fragen, ob es mir etwas ausmacht: Ja, es macht mir sogar sehr viel aus, weil von diesem Meeting viel abhängt und ich mir nicht vorstellen kann, wie ich das allein schaukeln soll.
5. Na toll! War ja irgendwie klar, dass ich wieder mit der Arbeit hängen gelassen werde. Aber fahren Sie mal.
6. So etwas habe ich mir fast schon gedacht. In der heutigen Zeit so etwas wie Verantwortung für das Team zu entwickeln, fällt vielen schwer. Viel Spaß in Peking!

Gesprächsausschnitt Fall 2

Sie leiten die Einkaufsabteilung in einem mittelständischen Unternehmen. Einer Ihrer Mitarbeiter kommt mit einem Prospekt in der Hand zu Ihnen und sagt:

> „Guten Tag. Ich wollte mal fragen, also, wir haben ja diese Regelungen über Geschenke, was wir annehmen dürfen und was nicht. Jetzt hat mich hier ein Kunde zu einer Veranstaltung eingeladen. Tolle Sache, in Cannes, mit Diskussionsveranstaltung und Abendessen. Hier, schauen Sie mal. Und das ist ja recht teuer, da wollte ich das nur mit Ihnen abstimmen – Sie haben doch nichts dagegen, oder?"

Mögliche Reaktion:

1. Doch, das habe ich. Aus meiner Sicht ist das völlig unangemessen. Das müssen Sie leider absagen.
2. Wichtig ist letztlich, dass Sie einen guten Job machen. Und da haben Sie ja in den vergangenen Monaten wahrlich rangeklotzt. Wenn Sie das besonders motiviert nach Cannes zu gehen, wird sich schon eine Möglichkeit finden, das zu rechtfertigen.
3. Wenn Ihnen eine solche Einladung auf den Tisch flattert, ist das natürlich verlockend. Und für mich geht es darum, die Regeln des Unternehmens zu schützen. Wenn ich Ihnen so eine große Sache zubillige, haben die anderen Kollegen einen Präzedenzfall.
4. Das ist wieder ganz typisch. Die Regeln nimmt mal wieder keiner ernst. Aber sei's drum. Wenigstens haben Sie vorher Bescheid gesagt.
5. Ihre Frage hätte sich erübrigt, wenn Sie zuvor in unsere Leitlinien geschaut hätten. Dort steht eindeutig, dass es keinen Ermessensspielraum gibt. Ich bin also auch nicht befugt, hier anders zu entscheiden.
6. Na, Sie wissen schon, dass das eigentlich nicht okay ist. Aber da Sie sich schon so darauf gefreut haben, will ich es mal durchgehen lassen, wenn Sie's nicht an die große Glocke hängen.

Gesprächsausschnitt Fall 3

Ihr Nachbar mäht regelmäßig sonntags während der Mittagsruhe seinen Rasen. Eines Tages reicht es Ihnen, und Sie gehen hinüber und bitten ihn freundlich, den Mäher abzustellen und die Arbeit an einem anderen Tag fortzusetzen. Er antwortet:

„Sie schlafen doch sowieso nicht, und ich bin ja auch gleich fertig."

Mögliche Reaktion:

1. Es fällt Ihnen gerade schwer, meinen Wunsch nach Sonntagsruhe zu respektieren. Ich kann nachvollziehen, dass Sie Ihren Rasen jetzt fertig mähen möchten und mir liegt daran, dass künftig der Sonntag frei von Mähgeräuschen bleibt.
2. Da kann man wohl nichts machen, wenn meine Bitte so wenig Gehör findet. Schade, dass Ihnen so wenig an einer guten Nachbarschaft liegt.
3. Ist doch egal, ob ich schlafe. Es ist Mittagsruhe, das ist verbrieftes Recht. Schauen Sie ruhig in der Ortssatzung nach.
4. Natürlich sollen Sie Ihren Rasen zu Ende mähen, Vielleicht können Sie bei Gelegenheit auch am Samstag mähen, dann bliebe der Sonntag ruhig.
5. Ich bedaure, dass Sie mich zwingen, eine Anzeige wegen Ruhestörung zu erstatten. Aber vielleicht hören Sie dann besser zu.
6. Da hat wohl meine Frau Recht, dass freundliches Bitten bei Ihnen nichts ausrichtet. Mähen Sie ruhig weiter und vergessen Sie, was ich gesagt habe.

Gesprächsausschnitt Fall 4

Sie haben für den kommenden Monat eine große Geburtstagsfeier mit der ganzen Familie geplant. Ihre Cousine hat wenige Tage vor Ihnen ebenfalls Geburtstag. Eines Abends ruft sie an:

> „Hallo! Ich wollte Dir nur Bescheid sagen, dass ich mich entschlossen habe, am Fünften auch zu feiern. Das passt mir einfach am besten in den Kram. Ich hoffe, das macht Dir nichts aus."

Mögliche Reaktion:

1. Dein Wunsch in Ehren, aber da kommst Du zu spät. Ich habe bereits die Einladungen verschickt und Du wirst ja wohl kaum erwarten, dass ich das jetzt ändere.
2. Tja, was soll ich sagen. Gut finde ich das zwar nicht, so eine Konkurrenzveranstaltung mit den gleichen Gästen, aber mit Dir zu argumentieren hat ja ohnehin immer wenig Zweck.
3. Dass das für Dich am besten passt, glaube ich sofort. Ich würde gern eine Lösung finden, bei der sich unsere gemeinsamen Gäste nicht zwischen zwei Partys zerreißen müssen.
4. Oh, oh, oh. Das gibt ja jetzt wirklich ein Problem. Du möchtest gern auch am Fünften feiern und hast Dir bestimmt schon überlegt, wie sich das am besten anstellen lässt.

5. Du hoffst, dass mir das nichts ausmacht. Offen gestanden verschlägt mir Dein Ansinnen die Sprache. Ich möchte gern mit Dir überlegen, wie eine Lösung aussehen könnte, bei der sich keiner von uns beiden nachher blöd fühlt.
6. Ich überlege gerade, wenn der Fünfte Dir so gut in den Kram passt, ob ich dann mein Fest verschiebe und Du erst einmal unbeschwert feiern kannst und ich auf den Zwölften ausweiche.

Gesprächsausschnitt Fall 5

Sie wollen Ihr Badezimmer renovieren. Am Vorabend – das Badstudio hat bereits alles geliefert – ruft der Freund an, der Ihnen eigentlich helfen wollte:

„Gut, dass ich Dich erreiche. Ähm. Ich dachte, ich rufe mal an und rede mit Dir. Es ist nämlich so, dass ich morgen keine Zeit habe. Janine kommt überraschend zu Besuch, und Du weißt ja auch, wie selten wir uns sehen."

Mögliche Reaktion:

1. Klar, das kann ich voll verstehen. So ein Wochenende mit Janine ist ja nun wirklich eine Alternative. Ihr könnt dann ja mit einem Glas Prosecco auf mich anstoßen.
2. Natürlich kann ich mir vorstellen, dass Du das Wochenende lieber mit Janine verbringst. Stell Du Dir jetzt bitte vor, wie ich das allein bewältigen soll.
3. Wie heißt das schöne Sprichwort: Freunde in der Not gehen tausend auf ein Lot. Tja, Verlässlichkeit zeigt sich immer erst, wenn's drauf ankommt.
4. Das ist ja wohl voll daneben. Kannst Du Dich noch erinnern, wie oft ich Dir bei Deinem Hausbau geholfen habe und immer pünktlich zur Stelle war? Und jetzt lässt Du mich einfach hängen.
5. Okay, dann gib mir mal die Telefonnummer von Janine, dann rede ich mal mit ihr. Am besten kommt ihr zu zweit. Ich mache für uns drei auch ein exzellentes Frühstück.
6. Wenn Du Janine bereits so verfallen bist, dass Du Deine Versprechungen völlig vergisst, dann kann man natürlich nichts machen. Schade!

Gesprächsausschnitt Fall 6

Sie sind Abteilungsleiter eines mittelständischen Zulieferbetriebs. Zufällig sehen Sie auf dem Schreibtisch Ihres 15-jährigen Sohnes Schreibblöcke, Stifte und Radiergummi Ihres Betriebes. Als Sie Ihren Sohn darauf ansprechen, antwortet dieser:

„Die habe ich von Marco. Sein Vater arbeitet doch bei Dir in der Abteilung."

Sie beschließen Marcos Vater am folgenden Tag darauf anzusprechen.

Mögliche Reaktion:

1. Ich habe gestern zufällig mitbekommen, dass Ihr Sohn seine Klassenkameraden mit Schreibzeug unserer Firma ausstattet. Sagen Sie mal, wissen Sie, dass das unter Diebstahl von Firmeneigentum läuft?
2. Wissen Sie, dass sich hier jeder glaubt bedienen zu können, ist schon schlimm genug, aber vielleicht können Sie dafür sorgen, dass das keine Kreise zieht.
3. Ich glaube gern, dass es Ihr Sohn Marco toll findet, mit Stiften und Blocks unserer Firma ausgestattet zu sein. Das macht ja auch etwas her. Es wäre schön, wenn sich das in Grenzen halten ließe, die noch vertretbar sind.
4. Vielleicht sind Sie jetzt erschrocken, wenn Sie von mir erfahren, dass Ihr Sohn allem Anschein nach einige Klassenkameraden mit Schreibutensilien unserer Firma ausstattet. Ich möchte gern mit Ihnen nach einer Lösung suchen, die für alle akzeptabel ist, ohne dass wir jedes Mal die Firmenrichtlinien über den Umgang mit Material zitieren müssen.
5. Auch wenn es eine verbreitete Haltung gibt, dass Bagatellbeträge wie Schreibblocks und Stifte nicht der Rede wert sind, möchte ich klarstellen, dass ich die Weitergabe von Firmeneigentum an Familienangehörige nicht dulde.
6. Mir ist bewusst, dass es verschiedene Ansichten darüber gibt, inwieweit Material wie Stifte und Schreibblocks privat genutzt werden. Weil ich nun zufälligerweise mitbekommen habe, dass Ihr Sohn meinen Sohn damit ausgestattet hat, komme ich in eine schräge Situation. Darum möchte ich mit Ihnen klären, wie Sie unsere Richtlinien interpretieren.

Gesprächsausschnitt Fall 7

Bei der morgendlichen Bahnfahrt zu einem gemeinsamen Messebesuch hatten Sie gehofft, ein wichtiges Gespräch mit einem Mitarbeiter führen zu können. Es stellt sich später heraus, dass dieser seine Bahnfahrkarte für die 1. Klasse eingetauscht hat und sich den Differenzbetrag hat auszahlen lassen.

Sie möchten den Vorfall auf keinen Fall auf sich bewenden lassen, und bitten den Mitarbeiter anderntags zum Gespräch.

Mögliche Reaktion:

1. Nach meiner Kenntnis, sind Sie gestern in der 2. Klasse zur Messe gefahren. Dadurch haben sich zwei Probleme ergeben: Zum einen wollte ich mich auf der Hinfahrt mit Ihnen über unsere neue Kampagne austauschen, was nun leider nicht möglich war, zum anderen haben mehrere Kollegen von Ihrer Aktion erfahren.
2. Die Trickserei mit dem Fahrkartentausch gestern ist ein offensichtlicher Verstoß gegen Firmenrichtlinien. Ich komme also nicht umhin, Sie abzumahnen.
3. Ich kann verstehen, dass Sie durch Ihren Hausbau auf jeden Cent achten müssen und natürlich verführt sind, das ein oder andere Schlupfloch zu nutzen. Dennoch geht das eigentlich nicht.
4. Da Sie scheint's lieber mit der 2. Klasse fahren, habe ich veranlasst, dass Ihnen bei künftigen Geschäftsreisen grundsätzlich eine entsprechende Fahrkarte ausgestellt wird.
5. Manchmal glaube ich, dass das Hüten eines Flohzirkus leichter ist, als diesen Haufen zu führen. Scheinbar glauben alle, sie können sich über unsere Richtlinien hinwegsetzen.
6. Hat Ihnen das denn jetzt so viel geholfen, ein Ticket umzutauschen und sich die Differenz bezahlen zu lassen? Bitte kommen Sie doch in Zukunft vorher zu mir, wenn Sie in einer derartigen Notlage stecken.

Gesprächsausschnitt Fall 8

Sie warten auf dem Bahnhof und bemerken, wie sich direkt neben Ihnen ein ca. 40-jähriger Mann eine Zigarette anzündet. Der Raucherbereich des Bahnsteigs befindet sich ca. 20 m entfernt. Da Sie sich beeinträchtigt fühlen, sprechen Sie den Mann direkt an:

Mögliche Reaktion:

1. Dies ist ein Nichtraucherbahnhof. Das gilt auch für Sie.
2. Entschuldigen Sie bitte, vielleicht haben Sie übersehen, dass der Raucherbereich weiter vorn ist.
3. Vielleicht ist es Ihnen ja zu umständlich, in den Raucherbereich zu wechseln, aber irgendwie wäre das schon ganz nett.
4. Wahrscheinlich haben Sie noch nicht mal gemerkt, dass Sie andere mit Ihrer Qualmerei stören.
5. Sind Sie bitte so freundlich und wechseln in den Raucherbereich. Dort störe ich Sie nicht und Sie mich nicht.
6. Rücksichtnahme ist wohl nicht Ihre Stärke. Typisch Raucher, glaubt, er kann überall die Luft verpesten!

Gesprächsausschnitt Fall 9

Sie führen den Vorsitz im Vorstand eines kleinen Paddelclubs. Eigentlich sind alle Mitglieder laut Satzung verpflichtet, einmal im Jahr Dienst an der Gemeinschaft zu leisten. Dazu gehört beispielsweise, den Kiesplatz unkrautfrei zu halten. Nachdem seit Monaten das Unkraut ungebremst wächst, sprechen Sie ein Clubmitglied, das Ihnen über den Weg läuft, direkt an, doch dieser erwidert:

„Wieso sprichst Du mich an? Wir sind schließlich 27 Mitglieder, ich sehe überhaupt nicht ein, hier den Affen für alle zu spielen."

Mögliche Reaktion:

1. Na, Dir wünsche ich, dass der Vorsitz nächstens an Dir hängen bleibt. Dann wirst Du erleben, was das für ein undankbarer Job ist.
2. Stop mal! Du hast die Satzung unterschrieben. Danach bist Du verpflichtet zwölf Stunden im Jahr für die Pflege der Gemeinschaftseinrichtungen einzubringen. Also mach Dich an die Arbeit!
3. Du hast das Gefühl, weil Du mir zufällig über den Weg läufst, mache ich Dich zum Dummen. Und ich habe mir vorgenommen, jeden in den kommenden Tagen direkt zu bitten, Hand anzulegen. Unterm Strich wird unter Garantie keiner davonkommen.
4. Okay, okay! Dass Du keine Lust hast, für die anderen das Unkraut zu beseitigen kann ich verstehen. Du bist ja sonst eher einer der Aktiven hier im Club. Vielleicht habe ich Dich auch deswegen angesprochen, weil man sich doch auf Dich immer verlassen kann.

5. Verflixt Ihr lasst alles an mir hängen und ich kann mich gegen so viel unsolidarisches Verhalten einfach nicht wehren. Na ja, nächstes Jahr könnt Ihr Euch einen anderen Dummen suchen für den Vorstand. Mit mir könnt Ihr nicht mehr rechnen.
6. Du, wenn Du jetzt lieber paddeln willst kann ich das voll verstehen. Du hattest Dich ja auch auf etwas ganz anderes eingestellt, klar doch. Vielleicht klappt es ja ein anderes Mal.

Gesprächsausschnitt Fall 10

Beim Frühstück am Sonntagmorgen überrascht Sie Ihre zehnjährige Tochter mit dem Wunsch:

„Weißt Du waaas?! Zum Geburtstag wünsche ich mir einen Hund!"

Mögliche Reaktion:

1. Oh, das ist ja mal ein besonderer Wunsch. Das hast Du Dir bestimmt schon ganz schön ausgemalt. Vermutlich weißt Du auch schon, welche Rasse Du Dir wünschst. Na, das Leben bei uns bleibt immer spannend.
2. Das kann ich mir gut vorstellen, dass Du gern einen Hund für Dich haben möchtest. Und ich mache mir Sorgen, wer dann jeden Tag mit dem Hund spazieren geht. Die Anschaffung eines Hundes ist das eine, wer sich dann um ihn kümmert, ist das andere.
3. Kommt gar nicht in Frage. Am Ende können dann Deine Mutter und ich zusehen, dass der Hund noch abends ausgeführt wird, weil Du es mal wieder vergessen hast.
4. Tja, dann werden wir uns wohl einen Hund zulegen müssen, auch wenn ich davon nicht so begeistert bin.
5. Deinen Geburtstagswunsch möchte ich auf jeden Fall ernst nehmen. Dabei handelt es sich um eine Entscheidung, die nicht nur Dich betrifft, wie beispielsweise ein neues Fahrrad, sondern uns alle hier in der Familie. Darum möchte ich nicht einfach ja oder nein sagen, sondern sorgfältig alles bedenken, was wir dabei beachten müssen.

6. Klar wünschst Du Dir einen Hund. Deine Freundin Lena hat ja auch einen zum Geburtstag bekommen. Da wollt Ihr bestimmt gemeinsam Hunde ausführen.

Einzelauswertung der Übung

Beginnen Sie, die Nummer Ihrer Antwort zu jedem Gesprächsausschnitt in der unten stehenden Tabelle einzutragen, indem Sie das Kästchen ankreuzen, das – je nach Fall – die Nummer Ihrer spontanen Antwort aufweist, ohne dass Sie sich schon um die Buchstaben in der oberen Zeile kümmern.

	A		B		C		D	
Fall 1	2	–	5	6	3	–	1	4
Fall 2	1	5	4	–	2	6	3	–
Fall 3	3	5	2	6	4	–	1	–
Fall 4	1	–	2	–	4	6	3	5
Fall 5	4	5	3	6	1	–	2	–
Fall 6	1	5	2	–	3	–	4	6
Fall 7	2	4	5	–	3	6	1	–
Fall 8	1	–	4	6	3	–	2	5
Fall 9	2	–	1	5	4	6	3	–
Fall 10	3	–	4	–	1	6	2	5
Σ								
Summe								

In der Σ-Zeile tragen Sie die Anzahl der Kästchen ein, die Sie pro Spalte angekreuzt haben und addieren anschließend die benachbarten Spalten zu einem Summenwert. Sie haben nun den Test ausgewertet. Unabhängig von der Zahl in den einzelnen Spalten, können Sie jetzt schon Aussagen darüber machen, ob sich Ihre Reaktionen gleichmäßig auf alle Spalten verteilen, oder ob es typische Häufungen gibt, in einer Spalte also mehr als fünf Antworten liegen.

Wer also beispielsweise in den beiden A-Spalten sechs Kästchen schraffiert hat und in den Spalten B vier, von dem lässt sich sagen, dass 60 % seiner spontanen Antworten einem A-Verhalten entsprechen und 40 % seiner Antworten dem B-Verhalten zuzuordnen sind.

Möglicherweise werden Sie langsam ungeduldig und wollen erfahren, was sich hinter diesen Buchstaben A bis D verbirgt. Wenn Sie zwei Seiten weiterblättern, finden Sie die entsprechenden Erläuterungen. Doch zuvor soll herausgearbeitet werden, welchen Einfluss Wertschätzung und Lenkung (so die Überschrift dieses Kapitels) auf zwischenmenschliche Beziehungen haben.

Schon vorher hatten wir ausgeführt, dass in jeder Ihrer Äußerungen mitschwingt, **wie** Sie zum Gesprächspartner stehen. Dabei lässt sich dieser Aspekt Ihrer Äußerungen nach **zwei Kriterien** einordnen. Das erste ist die Abstufung nach dem **Grad der Wertschätzung**:

Geringschätzung ◄——————————► Wertschätzung

Wert- bzw. Geringschätzung berührt einen zentralen Aspekt des Menschseins: Unser Selbstwertgefühl. Jeder Mensch hat eine Vorstellung, wie er von anderen behandelt werden möchte, und reagiert empfindlich, wenn sein Selbstwertgefühl untergraben wird. Typische Erwiderungen in diesem Zusammenhang lauten:

„Wie reden Sie eigentlich mit mir."
„So etwas muss ich mir nicht bieten lassen."
„Wen glauben Sie eigentlich vor sich zu haben?"

Dieser Aspekt hat ein so großes Gewicht, weil eine inhaltlich richtige Aussage dennoch durch ihre Form, also das **Wie**, kränkend wirken kann.

Zur besseren Anschauung seien einige Bedeutungen des Wortes „wertschätzen" hier aufgeführt: respektieren, achten, ernstnehmen, würdigen, anerkennen, akzeptieren, bestätigen.

Und umgekehrt alternative Ausdrücke für „geringschätzen": herabsetzen, missachten, nicht ernstnehmen, abschätzig/abfällig/verächtlich/respektlos behandeln.

Jede Äußerung enthält jedoch noch einen zweiten Aspekt, nämlich, welchen **Grad von Freiheit**, beispielsweise von Entscheidungsfreiheit, man dem anderen zugesteht:

Üblicherweise konzentrieren sich viele auf diesen Aspekt der Freiheit, geht es doch schließlich in der Regel um einen Sachinhalt, also das **Was**, das man gern umsetzen will. Daher möchte man gerade im Unternehmen, aber auch im Privatleben – wie die Beispiele in dem vorangegangenen Test verdeutlicht haben mögen – lenkend eingreifen. Doch bei der Verfolgung von Interessen gilt es zu berücksichtigen, dass stets beide Aspekte, also der Grad der Wertschätzung und der Grad der eingeräumten Freiheit, gleichzeitig wirken. Denn eine noch so berechtigte inhaltliche Forderung lässt sich nicht von der Form, in der diese vermittelt wird, trennen.

Stellt man sich die beiden Skalen als Achsen eines Koordinatensystems vor, so ergeben sich vier prinzipielle Verhaltensvarianten:

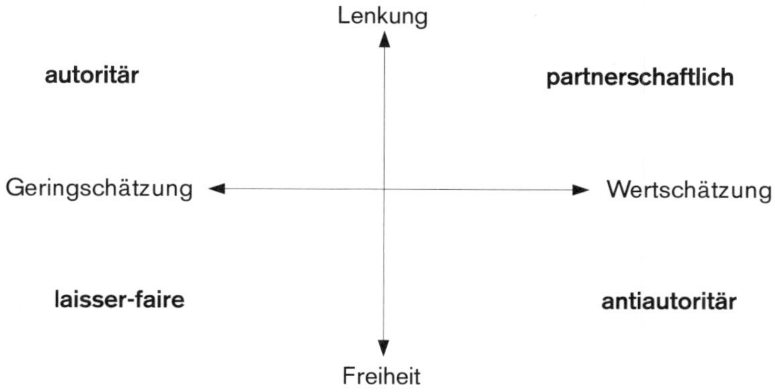

Diese Verhaltensweisen entsprechen den Buchstaben in unserem Test.

(A) Wenn der lenkende Einfluss mit Geringschätzung kombiniert wird, ergibt sich der Ihnen sicherlich vertraute **autoritäre** Stil. Dabei muss autoritäres Verhalten keineswegs grob sein. Auch höflich-freundliches Verhalten kann äußerst geringschätzig wirken, wenn der Gesprächspartner spürt, dass ihm eine eigene Sichtweise von vornherein aberkannt wird.

(B) Bleibt bei gleicher Geringschätzung jedoch die Freiheit des anderen unbeeinflusst, so führt dies zu einem Verhalten, das als Gleichgültigkeit oder **laisser-faire** bezeichnet wird. Mag die zugestandene Freiheit zunächst erfreulich wirken, so beeinträchtigt die wahrgenommene Missachtung das Wohlbefinden und meist bleibt ein schaler Geschmack zurück.

(C) Das Gegenteil des autoritären Verhaltens ist der Verzicht auf Lenkung, also Einräumen von Freiheit bei gleichzeitiger Wertschätzung. Dies führt in seiner reinsten Form zum **antiautoritären** Stil, der in den vergangenen zwanzig Jahren zu erheblichen Missverständnissen geführt hat. Aus Sorge, für autoritär gehalten zu werden, wurde vielfach darauf verzichtet, den eigenen Einfluss lenkend geltend zu machen.

(D) Bleibt schließlich die Kombination aus Lenkung und Wertschätzung, die wir als **partnerschaftlich** bezeichnen. Beim echten partnerschaftlichen Umgang wird dem Gegenüber grundsätzlich ein anderer Standpunkt zugestanden, ohne dass darunter die Wertschätzung leidet. Gleichzeitig wird der eigene Standpunkt entschieden vertreten, denn bei aller Wertschätzung darf die Fremdachtung nicht so weit führen, dass die eigene Position aufgegeben wird.

Unabhängig davon, welche Antwort Sie spontan bevorzugt haben, können Sie in Zukunft auf Ihre typische erste Reaktion achten, die sich in Gesprächen unweigerlich als erste einstellt.

Nun hatten wir ja bereits gesagt, dass jede Reaktionsweise beim Gesprächspartner bestimmte **Reaktionen** hervorruft. Im nächsten Kapitel werden wir näher auf die psychologischen Grundlagen dazu eingehen. Betrachten wir im Augenblick etwas ausführlicher den zweiten Fall. Dort wurde der Einkaufsleiter von einem Mitarbeiter folgendermaßen angesprochen:

„Guten Tag. Ich wollte mal fragen, also, wir haben ja diese Regelungen über Geschenke, was wir annehmen dürfen und was nicht. Jetzt hat mich hier ein Kunde zu einer Veranstaltung eingeladen. Tolle Sache, in Cannes, mit Diskussionsveranstaltung und Abendessen. Hier, schauen Sie mal. Und das ist ja recht teuer, da wollte ich das nur mit Ihnen abstimmen – Sie haben doch nichts dagegen, oder?"

Schauen wir uns dazu die erste Gesprächsreaktion einmal genauer an.

„Doch, das habe ich. Aus meiner Sicht ist das völlig unangemessen. Das müssen Sie leider absagen."

Der lenkende Einfluss ist maximal. Der Mitarbeiter bekommt eine klare Anweisung, was er zu tun bzw. zu lassen hat. Gleichzeitig wird ausschließlich die Sichtweise des Vorgesetzten thematisiert, wodurch der Eindruck vermittelt wird, dass der Mitarbeiter dazu keinen eigenen Standpunkt haben darf und seine Ansicht zu Gunsten der des Vorgesetzten aufgeben soll. Auch das kleine Wörtchen „leider" schmälert kaum die demonstrative Geringschätzung dieser autoritären Antwort.

Versetzen wir uns in den Mitarbeiter, dann bekommt dieser eine unerwartet kalte Dusche. Auf dem Weg zu seinem Vorgesetzten war er noch voller Vorfreude, wollte diese Einladung abstimmen und sah durchaus einen Spielraum auf Seiten seiner Firma. Er wird nicht nur enttäuscht an seinen Arbeitsplatz zurückkehren, er wird womöglich seinem Vorgesetzten grollen und dessen Entscheidung für „typisch kleinkariert" halten. Und langfristig wird die so viel beschworene Compliance darunter leiden. Der Mitarbeiter fühlt sich als Individuum nicht ernst genommen und doch wird gleichzeitig von ihm erwartet, seinerseits die Interessen der Firma loyal zu vertreten.

Ganz anders fällt dagegen die zweite Reaktion aus:

„Wichtig ist letztlich, dass Sie einen guten Job machen. Und da haben Sie ja in den vergangenen Monaten wahrlich rangeklotzt. Wenn Sie das besonders motiviert nach Cannes zu gehen, wird sich schon eine Möglichkeit finden, das zu rechtfertigen."

Hier erlebt der Mitarbeiter eine angenehme Wertschätzung seines Wunsches in Verbindung mit einer grundsätzlichen Anerkennung seiner Arbeitsleistung. Da es keinen erkennbaren Lenkungseinfluss gibt, handelt es sich um das von uns als antiautoritär bezeichnete Verhalten. Der Vorgesetzte muss sich fragen lassen, ob er grundsätzlich mit Firmenrichtlinien so großzügig verfährt oder was ihn dazu bewogen hat, ohne weitere Prüfung des Sachverhalts sogleich zuzustimmen.

Die dritte, partnerschaftliche Reaktion ist zwar auch wertschätzend, hier zeigt der Vorgesetzte jedoch, dass er das Geschehen beeinflussen möchte.

„Wenn Ihnen eine solche Einladung auf den Tisch flattert, ist das natürlich verlockend. Und für mich geht es darum, die Regeln des Unternehmens zu schützen. Wenn ich Ihnen so eine große Sache zubillige, haben die anderen Kollegen einen Präzedenzfall."

Zunächst zeigt der Vorgesetzte Verständnis für den Standpunkt des Mitarbeiters und setzt diesem seine Sichtweise entgegen. Dabei bringt er seinen Mitarbeiter in die Position darüber nachzudenken, wie denn mit so einer „großen Einladung“ grundsätzlich umgegangen werden soll. Es ist bei diesem Einstieg noch keineswegs beschlossene Sache, die Einladung abzusagen. Der Mitarbeiter bekommt hier die Chance, sich für sein Interesse noch differenzierter einzusetzen, und gleichzeitig kann sich der Vorgesetzte die endgültige Entscheidung noch offen halten.

Wenden wir uns der laisser-faire Reaktion zu:

> „Das ist wieder ganz typisch. Die Regeln nimmt mal wieder keiner ernst. Aber sei's drum. Wenigstens haben Sie vorher Bescheid gesagt.“

In abschätziger Weise wird der Mitarbeiter zunächst einmal gemaßregelt und mit einer groben, verallgemeinernden Behauptung konfrontiert („typisch, keiner nimmt ernst“). Dann macht der Vorgesetzte eine Kehrtwendung und genehmigt das Anliegen mit einem lapidaren „Sei's drum“ und schließlich muss es der Mitarbeiter noch als Lob auffassen, dass er wenigstens vorher gefragt habe. Natürlich wird sich der Mitarbeiter zunächst einmal über seine Reise nach Cannes freuen. Ob er dort aber besonders dankbare Gefühle für seinen Chef entwickeln wird, muss stark bezweifelt werden.

Die fünfte Äußerung unterscheidet sich zwar inhaltlich von der ersten Reaktion, ist aber im Tenor genauso autoritär wie die erste:

> „Ihre Frage hätte sich erübrigt, wenn Sie zuvor in unsere Leitlinien geschaut hätten. Dort steht eindeutig, dass es keinen Ermessensspielraum gibt. Ich bin also auch nicht befugt, hier anders zu entscheiden.“

Es ist weniger der starke Lenkungseinfluss, der den Mitarbeiter vor den Kopf stößt, als vielmehr die verletzende Art, wie das Ansinnen abgewiesen wird. Nach dem Vorwurf, nicht in die Leitlinien geschaut zu haben, erfolgt der Rückzug auf eine Vorschrift. Hier erlebt der Mitarbeiter, dass der Vorgesetzte nicht nur ihn und sein Anliegen nicht ernst nimmt, auch der Vorgesetzte scheint sich selbst nicht ernst zu nehmen, wenn er sich hinter fehlenden Ermessensspielräumen versteckt. Langfristig wird dies die Beziehung des Mitarbeiters zum Vorgesetzten und womöglich zum Unternehmen selbst untergraben.

Stellen wir uns kurz vor, was der Mitarbeiter erwidert, wenn ihn bei der Rückkehr an den Arbeitsplatz sein Kollege wie folgt anspricht:

„Und? Was hat er gesagt? Darfst Du fahren?"

„Von wegen! Ich hätte mir die Frage schenken können. Laut Richtlinien ist so etwas verboten, sagt er."

„Wieso verboten? Da steht doch ausdrücklich drin, dass wir bei Geschenken, die einen Wert von 50 € überschreiten, Rücksprache mit dem Vorgesetzten halten müssen. Das hast Du doch getan."

„Eben, darum bin ich ja auch so sauer. Der Alte behauptet, es gebe keinen Ermessensspielraum und er dürfe mir das gar nicht erlauben."

„Das ist doch Blödsinn! Und wieso durften die drei Kollegen aus der Entwicklung letztens nach Kanada fliegen? Das war doch auch eine Einladung von CNT."

„Ja, die! Da läuft manches anders. Die haben auch einen ganz anderen Chef."

„Das ist wahr. Mensch Hans, komm, wir machen erst mal Pause und gehen Kaffee trinken."

Es bedarf keiner großen Phantasie sich vorzustellen, wie sich die schlechte Laune in der Pause weiter vertieft. Der Ärger des betroffenen Mitarbeiters wird nicht nur von seinem Kollegen geteilt; beide verbreiten eine Stimmung, die sich nachteilig auf das Abteilungsklima auswirkt. Während der aktuelle Anlass bald vergessen sein mag, bleibt das störende Grundgefühl, in dieser Firma werde mit zweierlei Maß gemessen, berechtigte Wünsche von Mitarbeitern würden unter Hinweis auf irgendwelche Paragraphen abgebügelt und der eigene Vorgesetzte verstecke sich hinter Vorschriften und fertige Mitarbeiter rigoros ab.

Als letztes Beispiel haben wir noch einmal eine antiautoritäre Reaktion vorgegeben, die zeigt, wie fragwürdig eine einseitige Wertschätzung des Gegenübers ist, wenn dabei gleichzeitig auf eine eigene Position verzichtet wird.

„Na, Sie wissen schon, dass das eigentlich nicht okay ist. Aber da Sie sich schon so darauf gefreut haben, will ich es mal durchgehen lassen, wenn Sie's nicht an die große Glocke hängen."

Bei aller Freude, die der Mitarbeiter über das großzügige Entgegenkommen seines Vorgesetzten empfinden wird, schleicht sich ein falscher Zungenschlag ein, weil der Mitarbeiter über diese „tolle Einladung" eigentlich mit niemandem sprechen darf. Großzügigkeit ist keine Garantie für wachsende Loyalität, zumal der Mitarbeiter hier das Wohlwollen seines Vorgesetzten eher als Gefälligkeit empfinden wird denn als echte Anerkennung. Außerdem wird hier gleichzeitig vermittelt, dass die Leitlinien und Vorgaben des Unternehmens gar nicht ernst gemeint sind. Das führt in der Folge dazu, dass die Mitarbeiter sich nach und nach ihre eigenen Freiheiten schaffen und sich aus missverständlichen Entscheidungen ihre eigenen Präzedenzfälle konstruieren.

Mancher Leser wird vielleicht zweifelnd fragen, ob sich Richtlinien tatsächlich partnerschaftlich vermitteln lassen. Schließlich gibt es gewisse Grenzen und Standards, über die nicht diskutiert werden kann. Wir können bei Schulungsveranstaltungen immer wieder beobachten, dass die Teilnehmer ein respektierendes Verhalten umso eher an den Tag legen, wenn sie keine Abstriche an ihrem Lenkungsanspruch vornehmen müssen. Eine derartige **wertschätzende Lenkung** bringt zunächst zum Ausdruck, dass dem Gegenüber ein Recht auf seine Position zuerkannt wird und er darum ein ebenso vollwertiger Partner ist, ebenso wie man selbst für sich den Anspruch erhebt, der eigenen Position Geltung zu verschaffen.

Trainingsteilnehmer äußern immer wieder, wie sehr sie die Erfahrung überrascht, mit welch vergleichsweise „einfachen Mitteln" Gesprächspartner bei kontroversen Auseinandersetzungen zum Zuhören zu bewegen seien, was zweifellos eine unabdingbare Voraussetzung für einen konstruktiven Dialog darstellt.

> Echte Partnerschaft entsteht dadurch, dass zu Beginn einer Auseinandersetzung noch nicht entschieden ist, in wessen Sinne am Ende die Entscheidung fallen wird.

Das bedeutet nun aber nicht, dass dabei von Vorgaben und Regelungen rundheraus abgewichen werden soll, nur um die nötige Offenheit für die Wünsche des Gesprächspartners zu erzeugen. In der Realität sind diese Vorgaben des Unternehmens allerdings selten so eindeutig und detailgenau, dass überhaupt keine Fragen und Möglichkeiten offenbleiben. In diesem Fall ist es durchaus Gegenstand eines Gespräches, das im Sinne der Idee hinter der Regel beste erlaubte Vorgehen herauszufinden. Wer als Vorgesetzter kategorisch auf einem Nein beharrt, obwohl es durchaus Spielräume gäbe, wird auf Dauer unglaubwürdig. Und vielleicht erinnern Sie sich noch an die Gesprächsbeispiele aus dem Kapitel über Werte. Hier geht es ja durchaus darum, dem Mitarbeiter klar zu vermitteln, wo welche Grenzen gesteckt sind und aus welchem Grund. Und das geht, wie Sie gesehen haben, auch ohne ihn einfach zu überfahren.

Vermutlich wird Ihnen der partnerschaftliche Stil bislang nur selten begegnet sein. Im partnerschaftlichen Umgang darf das Ergebnis zu Gesprächsbeginn noch nicht feststehen. Es gilt vielmehr herauszufinden, ob ein gegebenes **Ziel** nicht auch auf anderen **Wegen** erreicht werden kann. Ergebnisse sind kein Selbstzweck. Dennoch entsteht immer wieder der Eindruck, dass Abweichungen vom Weg – nicht vom Ziel! – als gefährlicher Autoritätsverlust eingeschätzt werden. Wenn Sie bereits wissen, oder entschieden haben, wie etwas auszugehen hat, begegnen Sie dem anderen nicht mehr als gleichberechtigtem Partner, sondern wollen den anderen unbedingt zur Übernahme Ihrer Position bewegen.

Bevor Sie nicht den Standpunkt Ihres Gesprächspartners akzeptieren, wird dieser eher zum Beharren und Verteidigen neigen, als sich mit Ihrer Position auseinandersetzen. Darin liegt geradezu eine Paradoxie des partnerschaftlichen Vorgehens.

Zeigen Sie Wertschätzung, schaffen Sie eine Grundlage für eine rationale Betrachtung des Konflikts, bei der Ihr Gesprächspartner freiwillig auf seinen Standpunkt verzichten oder ihn verändern **kann**.

Das fällt besonders leicht, wenn Ihnen deutlich wird, dass sie durch Ernstnehmen oder Bestätigen eines möglicherweise kontroversen Standpunkts keinerlei Abstriche an ihrer eigenen Position vornehmen müssen, sondern die zusammengefasste Aussage zunächst schlicht lautet: „Ich will A **und** Du willst B".

Die Strategie einer wertschätzenden Lenkung stellt einen Problemlösungsansatz dar, mit dem Sie Anpassung und Einsicht integrieren und eine überdauernde Veränderung erzielen können.

8. Regeln psychologisch sinnvoll aufstellen

Will man erreichen, dass eine größere Gruppe von Menschen reibungslos und im gemeinsamen Sinne handelt, so werden üblicherweise Regeln aufgestellt. In ihnen ist dann festgelegt, welches Verhalten erwünscht, vorgeschrieben, unerwünscht oder gar verboten ist.

In diesen Regeln findet sich an vielen Stellen die **Übertragung der moralischen Vorstellungen** – nein, nicht der ethischen, erinnern Sie sich an Kapitel 2 – **in konkrete Handlungsanweisungen**.

Ich erinnere mich an einige Spiele in größerer Runde mit Kindern aller Altersgruppen. Da galt zum Beispiel das ungeschriebene Gesetz, dass man beim Fangenspielen nicht immer nur die Kleinen gejagt hat. Wer sich nicht daran gehalten hat, bekam auch schon mal Ärger oder durfte nicht mehr mitspielen. Runden, in denen solche Regeln nicht zu etablieren waren, haben meist nicht lange gehalten, und es gab viel Streit, weil es ohne diese Regeln immer darauf hinauslief, dass einige gar keinen Spaß an dem Spiel hatten. Das war oft der Fall, wenn jemand mit „Imponiergehabe" dabei war.

Aufgabe 1: Erinnern sich an Ihre eigenen Kinderspiele. Wie war das mit der Regeleinhaltung? Welche galten, welche nicht oder nicht immer (Kleine dürfen schummeln ...)?

Die Regeln, die man aus diesem Umfeld kennt, sind nie irgendwo schriftlich erarbeitet und ausformuliert worden, sondern sind „gewachsen“ und waren Teil einer Mischung aus mündlicher Überlieferung und dem Abschauen bei anderen. Vielleicht behalten Sie diesen Gedanken erst einmal im Hinterkopf.

Auch Unternehmen verfügen über einen eigenen Katalog von Regeln. Er setzt sich zusammen aus eben diesen tradierten Verhaltensweisen als Teil der Firmenkultur und eben jenen **Verhaltensregeln**, die Unternehmensleitung und die weiteren Führungsebenen als geltend durchsetzen möchten, um auf diese Weise Einfluss auf das Verhalten der Mitarbeiter (und hoffentlich auf ihr eigenes) zu nehmen. Jeder von Ihnen kennt allerdings aus eigener Erfahrung das Problem, dass es mit dem Aufstellen dieser Regeln allein nicht getan ist. Dann verschwinden sie nur allzu leicht im Nirwana. Als Lösung bildet sich oft ein umfangreiches Rahmenprogramm heraus, das dann über flankierende Maßnahmen die Umsetzung sicherstellen soll. Dazu gehören Informations- und Schulungsveranstaltungen, Kontrollen, Prüfungen und Audits und die unvermeidlichen Mahner mit dem erhobenen Zeigefinger – wobei Letztere in ihrer Rolle selbst genauso unzufrieden sind wie die solchermaßen Zurechtgewiesenen. Zusätzlich werden die Regeln immer detaillierter. Da gibt es Büroordnungen, Bahnhofsordnungen, Turnhallenordnungen, Spielplatzbenutzungsordnungen und dergleichen Herrlichkeiten mehr. Und nützt es etwas? Im Allgemeinen nicht. Als nächste Stufe folgen dann die Strafen, und auch wenn selbige nach und nach drastischer werden, hat das nicht zur Folge, die Verstöße ganz auf null zu bringen.

Nun stellt sich die Frage, woran das liegt und was man dagegen tun kann.

Die Ursache liegt in einem Mechanismus, der dazu führt, dass Regeln gar nicht in ihrer eigentlichen Aussage als „etwas Einzuhaltendes“ wahrgenommen werden, und zwar im **Vermeidungsverhalten.** Damit sind Reaktionen zur Vermeidung von Angst oder anderen unangenehmen Gefühlen gemeint. Einen Sonderfall dieses Verhaltens stellt die **Reaktanz** dar. Darunter fassen wir eine besondere Form von Abwehr, die als Widerstand gegen äußere oder innere Einschränkungen aufgefasst werden kann. Diesen beiden Phänomenen und ihren Konsequenzen für das Aufstellen von psychologisch sinnvoll formulierten Regeln widmet sich dieses Kapitel.

Die erste Frage, die sich dabei stellt, ist die danach, was eigentlich beim Vermeidungsverhalten der Auslöser für die Reaktion ist. Dazu möchten wir noch einmal einen kurzen Blick darauf werfen, was unter **Stress** in einem Menschen abläuft, auch wenn das vielen Lesern bekannt sein dürfte.

Menschen unterscheiden bei jeder Information, die sie hören – wie überhaupt bei jeder Wahrnehmung –, zwischen angenehm und unangenehm. Dieser Mechanismus stammt aus der Entwicklung des Gehirns, sozusagen direkt „aus der Steinzeit“. Ungewohnte oder mit Gefahr bzw. unangenehmen Erinnerungen verknüpfte Wahrnehmungen lösen über das Zwischenhirn und das sympathische Nervensystem eine direkte Stimulation der Nebenniere aus. Im Bruchteil einer Sekunde werden die Hormone Adrenalin und Noradrenalin in den Blutkreislauf geschickt. Diese als Stresshormone bekannten Stoffe sorgen für die schlagartige Umschaltung auf Flucht bzw. Verteidigung. Um sich beispielsweise durch Laufen in Sicherheit bringen zu können, wird die Herztätigkeit angeregt und die Muskulatur intensiv durchblutet. Gleichzeitig werden alle Prozesse, die nicht für Flucht oder Verteidigung nötig sind, gewissermaßen auf Sparflamme gesetzt. Dazu gehört neben Verdauung und Sexualität auch das

Denken, also die Aktivität des Großhirns. Um nicht durch „Nachdenken" den rettenden Sprung vor dem Feind zu verzögern, hat die Natur dafür gesorgt, dass die Stressreaktion im Gehirn zu einer **Denk-Blockade** führt. Leider werden auch heute noch bei *jeder* Stressreaktion dieselben Mechanismen in Gang gesetzt – unabhängig davon, ob tatsächlich der sprichwörtliche Säbelzahntiger uns verfolgt und Gefahr für Leib und Leben besteht oder lediglich eine unangenehme Situation vorliegt, wie beispielsweise bevormundet oder kritisiert zu werden oder auch intellektuell überfordert zu sein. Das ist bekanntermaßen unangenehm und verständlicherweise gilt:

Menschen meiden Situationen, die negative Gefühle hervorrufen.

Diese **Abwehr** infolge von Stress können Sie jederzeit im täglichen Leben beobachten. Wird jemandem etwas mitgeteilt, das ihn verwundert oder gar erschreckt, so ist die allererste spontane Reaktion die Negierung des Gehörten. Das zeigt sich an so harmlosen Beispielen wie:

„Du, Mama?? Kann ich heute bei Tanja übernachten??"
„Nö! Was habt Ihr denn vor?!"

Wobei das „Nö!" hier kein echtes Nein darstellt, sondern erst einmal wieder Sicherheit herstellen soll, eine Art Ankerpunkt in der noch unklaren Lage.

Aber auch im Extremen lässt sich das wiederfinden. So kennen beispielsweise Menschen, die von Berufs wegen auch die Nachricht vom Tod nahestehender Menschen überbringen müssen, wie Pastoren, Ärzte oder Polizisten, die folgende Abwehrreaktion:

„Guten Tag, Herr Krause. Dass wir hier vor der Tür stehen, wird Sie sicher erschrecken. Wir sind gekommen, um Ihnen mitzuteilen, dass Ihre Frau bei einem Verkehrsunfall ums Leben gekommen ist."
„Das kann nicht sein! Ich hab doch vorhin noch mit ihr telefoniert!"

Für eine erfolgreiche Umsetzung der Unternehmenswerte in Regeln und damit in der Praxis ist es sinnvoll, sich klarzumachen, wodurch Mitarbeiter in Situationen gebracht werden, die sie – zum

Teil mit aller Kraft – vermeiden wollen. Das fängt bei der Beschneidung liebgewonnener Gewohnheiten an und geht bis zur Bedrohung der sozialen Stellung. Dabei spielt nicht nur die Abwehr, sondern auch die bereits angesprochene Reaktanz eine entscheidende Rolle.

Es mag Sie bei der weiteren Lektüre unterstützen, wenn Sie sich einen Moment Zeit nehmen und sich daran erinnern, wie Sie reagiert haben, als Sie mit einer neuen Vorschrift konfrontiert wurden, die Ihr bisheriges Handeln eingeschränkt hat oder wo Ihnen gar etwas verboten wurde, was bislang zulässig gewesen war.

Die größte Schwierigkeit im Umgang mit Veränderungen liegt oft darin, dass sie uns **mit sachlichen Argumenten** schmackhaft gemacht werden sollen. Bei vielen Änderungen sehen wir durchaus ein, dass sie „vernünftig" sind. Dennoch kommt es zu einer Art **Trotzverhalten**, da wir uns in unseren Gefühlen und dem Stress, den die Veränderung in uns auslöst, nicht ernst genommen fühlen.

Denken Sie nur an das banale Beispiel der Geschwindigkeitsbeschränkungen oder der Promillegrenze. Bei einer rein argumentativen Betrachtung dieser Vorschriften werden wir vermutlich die Notwendigkeit dieser Regelung einsehen, daraus folgt jedoch keineswegs, dass wir uns auch in jedem Einzelfall daran halten. Im Zweifelsfall handeln wir nach unseren eigenen Maßstäben:

„Diese Geschwindigkeitsbeschränkungen sind doch schon so niedrig angesetzt, weil die wissen, dass jeder schneller fährt. Also kann man das auch machen."

„Ich bin da vorsichtig. Mehr als dreißig Stundenkilometer fahre ich nie drüber. Sonst ist im Zweifelsfall der Lappen weg!"

„Zwei Bierchen gehen immer. Bei meinem Körpergewicht verteilt sich das!"

In jeder unserer Äußerungen oder auch schriftlichen Mitteilungen schwingt ja unsere innere Haltung dem anderen gegenüber mit. Wir können beobachten, dass Menschen sehr genau und wie mit einer Art Filter in jeder Mitteilung die geringschätzigen und respektlosen Unter- und Zwischentöne wahrnehmen und innerlich mit Verärgerung und Empörung reagieren:

- Wie behandelt der/die mich eigentlich?
- Wie redet der/die eigentlich mit mir?
- Wen glaubt er/sie vor sich zu haben?
- Ich bin doch kein kleines Kind!
- Das muss ich mir doch nicht bieten lassen!
- So lasse ich mich nicht behandeln!

Doch wer bereits in Gedanken so reagiert, neigt dazu, sich zu wehren oder zum Gegenangriff überzugehen. Und ehe man sich versieht, gerät die Auseinandersetzung zum Kräftemessen, wobei das ursprüngliche Anliegen völlig hinter dem Beziehungskonflikt verschwindet, nämlich dem Konflikt darüber, wer wen wie behandeln darf.

Das psychodynamische Modell der **Transaktionsanalyse** kann helfen, interaktive Abläufe besser zu verstehen. Einigen Lesern wird das Modell vermutlich vertraut sein. Wir werden dennoch im Folgenden die Kernpunkte kurz beschreiben, da sie für das weitere Vorgehen zur Formulierung von Handlungsanweisungen wesentlich sind.

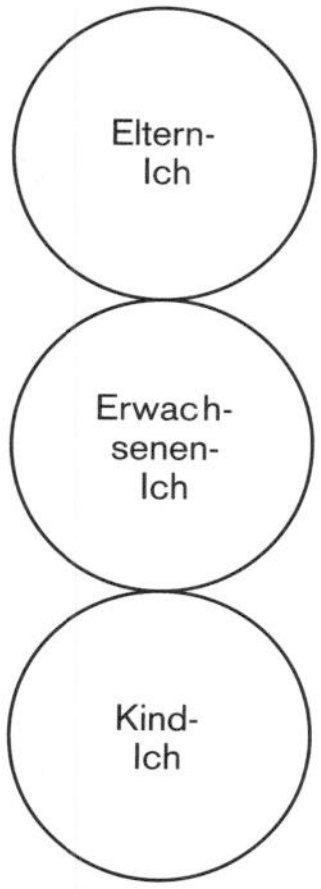

Nach dem Modell der Transaktionsanalyse lässt sich unser gesamtes Verhalten in drei deutlich unterscheidbare Verhaltensweisen aufgliedern.

Man unterscheidet ein **Eltern-Ich**, ein **Erwachsenen-Ich** und ein **Kind-Ich**. Diese drei Ich-Zustände stellen jeder für sich eine Kombination aus Gedanken, Gefühlen und Verhalten dar.

Das Ich, das sich zuerst entwickelt und von Geburt an mitgegeben ist, wird als Kind-Ich bezeichnet.

Zunächst ist jedes Neugeborene ausschließlich spontan. Spontan wacht es auf, schreit, trinkt, macht in die Windeln und schläft wieder ein.

Doch diese ausschließliche Spontaneität währt nicht sehr lange, denn Eltern sind bemüht, dem Kind alsbald bestimmte Rhythmen beizubringen, es anzupassen. So entsteht bereits im ersten Lebensjahr neben dem **spontanen Kind-Ich** das **angepasste Kind-Ich**. Doch folgt auf die geforderte Anpassung aus naheliegenden Gründen auch die Verweigerung. Dieses Verhalten wird **trotziges Kind-Ich** genannt. Diese in frühester Kindheit erworbenen Verhaltensweisen werden keineswegs mit dem Älterwerden abgelegt. Immer wenn wir ausgelassen, neugierig, voller Abenteuerlust oder auch lustvoll erregt sind, handeln wir aus unserem spontanen Kind-Ich.

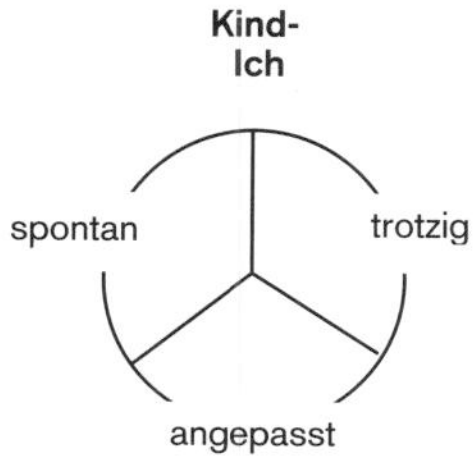

Oder denken Sie daran, wenn Sie etwas beichten mussten, z. B. eine schlechte Klassenarbeit oder die durchs Ballspielen zerbrochene Fensterscheibe. Schon sehr früh lernen Kinder, so etwas mit leicht geneigtem Kopf und heruntergezogenen Schultern zu erzählen. Dieses angepasste Kind-Ich zeigt sich auch noch Jahrzehnte später in vergleichbaren Situationen, wenn wir beispielsweise wegen einer Fehlleistung getadelt werden.

Der Erwachsene kann aber auch trotzig reagieren, wobei hier gern von kritischem Verhalten gesprochen wird. Das gleiche Verhalten wird schließlich beim alten Menschen als Altersstarrsinn bezeichnet. Bei derartigen Trotzreaktionen klingt die Stimme gepresst und deutlich höher. Es besteht qualitativ kaum ein Unterschied zwischen der maulenden Stimme eines Dreijährigen, der schmollt, und der ebenso maulenden Stimme eines Mitarbeiters, der sich ungerecht behandelt fühlt.

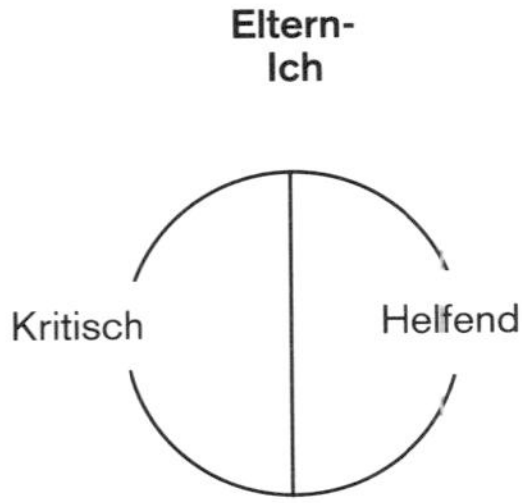

Im Laufe der weiteren Entwicklung entsteht in jedem Menschen ein weiterer Ich-Zustand, der als **Eltern-Ich** bezeichnet wird. Überall auf der Welt ahmen Kinder ihre wichtigsten Bezugspersonen, die in der Regel ja die Eltern sind, nach.

Dabei werden die Eltern einerseits als dirigierend, befehlend und bevormundend erlebt, dieser Teil wird als **kritisches Eltern-Ich** bezeichnet. Andererseits werden die Eltern auch als liebevoll, zärtlich und nährend wahrgenommen, was auch **helfendes Eltern-Ich** genannt wird.

Typische Äußerungen aus dem **kritischen Eltern-Ich** hören sich so an:

„Der Vorschlag ist doch völlig unausgegoren."
„Sie wissen ganz genau, dass Sie mich vorher hätten fragen müssen."
„Warum kommen Sie jetzt erst?"
„Könntest du nicht *einmal* versuchen, dir Mühe zu geben?!"

Im Tonfall freundlicher, in der Wirkung aber ähnlich, hören sich Sätze aus dem **helfenden Eltern-Ich** an:

„Gib mal her, das kannst du noch nicht!"
„Das finde ich großartig, was Sie da gemacht haben, Respekt!"
„Kommen Sie, ich füll' das Formular für Sie aus."
„Mach dir nichts draus, Frauen tun sich da im Allgemeinen schwer."
„Nur Mut, Sie kommen schon wieder auf die Beine."

Auch dieses in der Kindheit erworbene **Eltern-Ich** begleitet uns durch unser ganzes Leben. Wann immer wir aus der Position der Stärke, der Überlegenheit, der Macht reagieren, befinden wir uns

in unserem Eltern-Ich. Es ist naheliegend, dass nach all den schmerzlichen Erfahrungen während der Kindheit, da die Eltern und die älteren Geschwister stets mehr durften und konnten als man selbst, dieser Ich-Zustand als ausgesprochen stark erlebt wird. Vielleicht klingt es übertrieben, aber im **Eltern-Ich** erleben wir uns als so allmächtig, wie wir als kleine Kinder unsere Eltern Tag für Tag wahrgenommen haben.

Ob wir aus dem helfenden oder kritischen Eltern-Ich reagieren, stets befinden wir uns dabei in einer inneren Grundposition der Stärke, der Macht und Überlegenheit, die den eigenen Wert höher schätzt als den anderer Menschen. Dies mag erklären, warum dieser Ich-Zustand bei vielen Menschen so außerordentlich beliebt ist. So angenehm die Begleitgefühle eines Handels aus dem **Eltern-Ich** auch sein mögen, sie lösen im Gegenüber, wenn es sich im **Kind-Ich** angesprochen fühlt, eine deutlich negative Reaktion aus. Denn was wir während unserer Kindheit rasch gelernt haben, nämlich auf elterliche Anforderungen angepasst oder trotzig zu reagieren, ist auch heute noch, da wir längst den Kinderschuhen entwachsen sind, ein Bestandteil unserer Umgangsformen. Und die unangenehmen Gefühle, die mit **Unterlegenheit und Ohnmacht** einhergehen, sind auch beim erwachsenen Menschen die typischen Begleitgefühle, wenn er ungewollt in seinem **Kind-Ich** angesprochen wird.

Erwachsenen-Ich

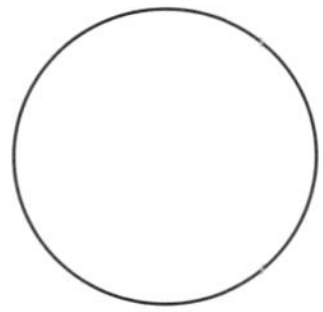

Doch neben die Stimmen des Wollens und Sollens rückt im Laufe der Kindheit noch eine weitere innere Stimme, die als **Erwachsenen-Ich** bezeichnet wird. Das Erwachsenen-Ich prüft die Folgen einer Handlung und entscheidet zweckrational.

Das Erwachsenen-Ich betont die Rationalität: Es ist kalkulierend, abwägend, nach den Erfordernissen der Realität und nicht nach unkontrollierten, sondern nach überprüften und integrierten Gefühlen entscheidend. Die wichtigste Aufgabe dieses Ich-Zustandes ist das Prüfen, im Sinne von:

Was passiert, wenn …?
Wieweit stimmt die Aussage …?
Welche Vor- bzw. Nachteile ergeben sich aus …?

Wann immer wir einen anderen von Erwachsenen-Ich zu Erwachsenen-Ich ansprechen, sorgen wir dafür, dass er sich ernst genommen und damit gut fühlt.

Viele Mitarbeiter haben sich daran gewöhnt, während der Arbeitszeit überwiegend aus dem kritischen Eltern-Ich zu **agieren** und aus dem angepassten und dem trotzigen Kind-Ich zu **reagieren**. Das heißt aber auch, dass die damit verbundenen Gefühle von Ohnmacht und Bevormundet-werden in Unternehmen allgegenwärtig sind. Dieser Aspekt wird uns nun beschäftigen, wenn es um die Frage geht, wie sich Regeln wertschätzend vermitteln und eben diese negativen Gefühle vermeiden lassen.

Die Hauptaufgabe besteht in der Nicht-Auslösung des eingangs bereits angesprochenen Vermeidungsverhaltens. Dabei gilt es zu beachten:

> Auf kaum etwas reagieren Menschen so empfindlich, wie auf die Einschränkung ihrer Freiheit.

Diese Empfindlichkeit resultiert aus den schmerzlichen Erfahrungen der eigenen Kindheit, als die Verfügungsgewalt bei Eltern, Lehrern und anderen Autoritätspersonen lag. Der Wunsch erwachsen zu werden, resultiert wesentlich aus dem Wunsch, der dauernden Bevormundung und Freiheitseinengung zu entfliehen.

Wer nun als Erwachsener wahrnimmt, dass sein Verhaltensspielraum gegen seinen Willen eingeengt wird, äußert Widerstand. In der Sozialpsychologie wird dafür eben der Begriff der **Reaktanz** verwendet.

In dem Versuch, die verlorene oder verloren geglaubte Freiheit wiederherzustellen, äußert sich dieser Widerstand in vier Formen:

Trotz: Die bedrohte oder eingeschränkte Freiheit wird dadurch wiederhergestellt, dass genau das getan wird, was nicht getan werden soll, nach dem Motto: „Nun erst recht!".

Hinwendung zur verwehrten Alternative: Es gewinnt gerade die Alternative an Attraktivität, die verwehrt werden soll.

Indirekte Freiheitswiederherstellung: Hier wird rein äußerlich angepasst reagiert. Gleichzeitig wird die eigene Freiheit demonstriert, aber heimlich.

Offene Aggression: Schließlich kann sich der Widerstand auch in offener Aggression äußern.

Vor dem Hintergrund dieser Erläuterungen wird nachvollziehbar, warum das in Kapitel 7 beschriebene **autoritäre** Verhalten das angepasste bzw. trotzige Kind-Ich im Gegenüber anspricht. Dabei erzeugen ungezählte Erfahrungen, nämlich aus dem kritischen Eltern-Ich behandelt worden zu sein, eine geradezu automatische Reaktion. Und zwar eine Reaktion, bei der statt einer kritischen Auseinandersetzung ein reflexhaftes Aufbegehren (Trotz) oder schweigendes Gehorchen (Anpassung) erfolgt.

Ebenso provoziert das **laisser-faire**-Verhalten eine Reaktion im Kind-Ich, üblicherweise Trotz oder andere Formen von Widerstand. Gleichgültigkeit löst nämlich unangenehme Gefühle aus, weil sogar die zugestandene Freiheit als Geringschätzung erlebt wird, die man ja mit allen Mitteln vermeiden möchte.

Abgesehen davon, dass sich mit **antiautoritärem** Verhalten keine Unternehmensrichtlinien durchsetzen lassen, wird deutlich, dass dieses Verhalten in erster Linie das spontane Kind-Ich anspricht. Natürlich mag die unvermittelte Durchsetzung der eigenen Wünsche als angenehm empfunden werden, doch fehlt dabei die kritische Auseinandersetzung mit Rahmenbedingungen und Konsequenzen, wie sie nur aus dem Erwachsenen-Ich geleistet werden kann.

Und dieses Erwachsenen-Ich wird am besten durch den **partnerschaftlichen** Umgang angesprochen. Um einen Sachverhalt differenziert zu betrachten, müssen störende Gefühle vermieden werden. Dabei zeigt sich, dass das respektvolle Anerkennen eines Standpunktes die größte Gewähr dafür bietet, dass trotziges Aufbegehren oder ohnmächtiges Resignieren vermieden werden.

Soweit zu der zugrunde liegenden Theorie. Im zweiten Teil dieses Kapitels geht es nun gewissermaßen ans Handwerkliche und darum, wie man Regeln so vermittelt, dass sie **in der Praxis wirksam** werden. Wir wollen von vornherein einräumen, dass eine wertschätzende Formulierung und Kommunikation von Regeln nicht nur anspruchsvoll, sondern auch zeitaufwändig ist. In Summe allerdings weniger zeit- und kostenaufwändig als der Apparat und seine Tätigkeit, der üblicherweise zur Durchsetzung aufgebaut wird, wenn die Einhaltung der Regeln zu wünschen übrig lässt. Auch für die Wirksamkeit von Regeln gibt es drei Regeln. Sie lauten:

(1) Wie – Wirksame Regeln sind positiv, konkret und absolut formuliert, richten sich an das Erwachsenen-Ich und vermitteln eine Vorstellung vom angestrebten Verhalten.

(2) Weil – Wirksame Regeln enthalten eine Begründung, die den Sinn hinter der Regel deutlich macht.

(3) Wenn-dann – Wirksame Regeln nennen die Bedingungen, unter denen sie anzuwenden sind.

Zu den Gründen:

(1) Wirksame Regeln sind positiv, konkret und absolut formuliert und vermitteln eine Vorstellung vom angestrebten Verhalten.

Bei dieser ersten Regel werden Sie vermutlich denken: „Nein! Wo hab ich das doch kürzlich gelesen?!“ Es ist nun einmal so, dass unser Unterbewusstsein immer nach denselben Regeln funktioniert und ohne Ausnahme negative, relative und vage Informationen, die nicht mit einer „bildgebenden" Beschreibung verbunden sind, nicht verarbeiten kann.

Wer also die Regel „Niemals mit vollem oder ganz leerem Magen baden!" aufstellt, erzeugt – Sie kennen das bereits – das Bild davon, wie man sich direkt nach dem Picknick am Strand oder der Tüte Pommes im Schwimmbad ins kühle Wasser stürzt. Der „ganz leere Magen" ist noch perfider. Wenn Sie noch einmal die Regel nicht ganz so schnell lesen und dabei bitte auf Ihren Bauch achten. Richtig: Der Satz macht Hunger. Ihr Unterbewusstsein bleibt also zurück mit der Arbeitsanweisung: „Jetzt aber schnell etwas essen. Und dann gleich ins Wasser!" Ob die Vernunft sich dagegen immer durchsetzen kann? Zumal, wenn Sie nun an die Einhaltung der Regel durch eine Gruppe von Teenagern denken.

Möglicherweise ist es schon eine Weile her, dass Sie Kapitel 6 zur wirksamen Formulierung von Zielen gelesen haben, für die ja ganz ähnliche Regeln gelten. Daher hier noch einmal kurz die drei Hauptpunkte in Übertragung:

- **Positiv formulieren**: Achten Sie darauf, dass Ihre Regel keines der Wörter *nicht, nie mehr, niemals, kein* oder *ohne* enthält. Gern werden in Regeln auch Satzbausteine wie „*... ist zu unterlassen*" verwendet, die ebenfalls eine Negation darstellen.

- **Komparative vermeiden:** Mit Vergleichswörtern wie *weniger* oder *mehr* verfestigen wir das momentane Bild des Zustands, von dem wir uns ja wünschen, dass er sich ändern möge.
- **Absolut und konkret sprechen:** Dabei gilt es auf Konjunktive und Ähnliches (*würde, könnte, möchte,* bei Regeln auch gern: *sollte*) sowie auf „Wattewörter“ (*eigentlich*, *irgendwie* und *irgendwann*, *gewissermaßen, im Grunde genommen* etc.) zu verzichten. In diese Kategorie fällt auch das Wort *versuchen*.

Die Baderegel sagt uns, was wir *nicht* tun sollen. Und sie lässt zusätzlich die Frage offen, wie voll oder leer der Magen denn nun sein darf. Ist die Tüte Pommes noch in Ordnung oder schon nicht mehr?

Dazu kommt jetzt in Erinnerung an die Ausführungen zur Reaktanz noch die Forderung:

- **Wertschätzend formulieren**: Ihre Regel sollte aus der Haltung des Erwachsenen-Ichs formuliert sein. Befehle, indirekte Unterstellungen und die Darstellung im Passiv im Stile von *wird vorbereitet, ist fertigzustellen, muss abgegeben werden* und Ähnliches stehen dem entgegen, da sie das Kind-Ich ansprechen.

Befehle – und auch die Baderegel ist ein Befehl; man hört geradezu den wütenden Bademeister in die Lautsprecheranlage bellen – oder auch implizite Vorwürfe gehören ins Repertoire des Eltern-Ichs und lösen in vielen Fällen eine Trotzreaktion aus. Wir wissen nicht, ob Sie selbst schon einmal gegen diese Baderegel verstoßen haben. Falls ja, erinnern Sie sich vielleicht, dass im eigenen Kopf eine Art innerer Monolog abläuft der Art: „Ach, nun hab ich gerade was gegessen. Naja, wird schon nicht so schlimm sein. Und überhaupt: Die sind ja selbst Schuld, wenn es mir schlecht geht. So eine doofe Regel!“ – Nicht sehr „erwachsen“, aber das ist ja genau der Punkt.

Nach den oben genannten Regeln umformuliert, könnte die Baderegel beispielsweise lauten: „Bitte baden oder schwimmen Sie nur, wenn Sie in der Zeit vorher eine Kleinigkeit gegessen haben. Das schützt im kühlen Wasser Ihren Kreislauf. Wenn Sie satt sind, bleiben Sie aus dem gleichen Grund lieber an Land.“

Vielleicht stutzen Sie, wenn Sie die Regel in ihrer neuen Form lesen. Denn es ist etwas hinzugekommen, das vorher als Information gar nicht enthalten war. Es gilt nämlich:

(2) Wirksame Regeln enthalten eine Begründung, die den Sinn hinter der Regel deutlich macht.

Regeln setzen uns Grenzen. Wenn wir nicht mit Reaktanz darauf antworten sollen, kann die Konsequenz nur sein, dass wir sie aus dem Erwachsenen-Ich und damit aus Einsicht befolgen. Das macht es erforderlich, jemandem zusammen mit einer Regel eine stichhaltige und umfassende **Begründung** zu liefern dafür, warum das Einhalten dieser Regel Sinn macht, oder im Umkehrschluss, welche Risiken dadurch vermieden werden sollen.

Die Bedingung dafür besteht zum einen darin, dass wir den Sinn der von uns aufgestellten Regeln selbst durchdrungen und für uns geklärt haben, und zum anderen darin, dass wir dem Gegenüber vermitteln müssen, worin *für ihn* der Sinn der Regel liegt.

Hier greifen wir wieder einmal der Frage nach der **Integrität** vor. Allzu oft, das werden Sie sicher selbst schon erfahren haben, stößt man nämlich auf Regeln, die lediglich der Bequemlichkeit oder dem persönlichen Nutzen dessen dienen, der die Regel aufgestellt hat. Beispielsweise war es in früheren Zeiten üblich, dass Kinder bei Tisch zu schweigen hatten. Das hatte aber für die Kinder selbst ja gar keinen Sinn, sondern diente lediglich der Ruhe und der „Redefreiheit“ der am Tisch sitzenden Erwachsenen.

Wird der **Sinn einer Regel für den Adressaten** nicht deutlich, so kann man neben Trotz und sozusagen absichtlicher Übertretung noch ein weiteres Phänomen beobachten, den inneren Wechsel ins kritische Eltern-Ich. So hat jeder Autofahrer in der Fahrstunde gelernt, dass er an roten Ampeln zu halten hat. Immer. Und in Unterricht und Fahrprüfung hat er sich auch brav daran gehalten, da er ja bestehen wollte. Auch im Verkehrsfluss wird üblicherweise die rote Ampel beachtet, schließlich gibt es sonst Punkte in Flensburg und weitere Probleme mit Polizei und Behörden. Der gleiche Fahrer aber nimmt sich heraus, nachts an einer Kleinstadtkreuzung das Rotlicht zu überfahren in der inneren Haltung, er könne die Situation überblicken und sei sozusagen etwas Besseres als derjenige, der entschieden hat, dass just diese Ampel nicht auf gelbes Blinklicht umgeschaltet wird. Dieses eingangs erwähnte „kritische Bewusstsein" kann dann zur Folge haben, dass aus Mangel an echtem Sachverstand doch ein wesentlicher Grund für die Einhaltung der Regel übersehen wurde. Wie anders klingt aber auch eine nicht an der möglichen Strafe orientierte Begründung für das „An roten Ampeln *immer* halten": Hätte der Fahrlehrer erklärt, dass man nur so sein Unterbewusstsein darauf trainiert, an einer roten Ampel automatisch zu stoppen, wäre der Sinn klar geworden. Jede Regel, für deren Ausführung man eine bewusste Entscheidung treffen muss, benötigt nämlich Zeit, um in der Situation darüber nachzudenken. Gerade bei Sicherheitsfragen rettet einen aber oft, dass man ohne Nachzudenken das Richtige tut, auch dann, wenn man selbst gerade keine akute Gefahr wahrnimmt. Und wenn Sie einmal überlegen, kommt es gar nicht so selten vor, dass man beim Fahren sozusagen „auf Autopiloten" schaltet, wenn einem etwas im Kopf herum geht oder man sich mit dem Beifahrer unterhält. Schön, wenn dann der Fuß von selbst das Bremspedal tritt.

Nach dem gleichen Prinzip der Gewöhnung an das richtige Handeln ist es beispielsweise ratsam, auch zu Hause nach den Regeln

des Herrn Knigge zu essen. Sonst kann es einem womöglich passieren, dass man im Drei-Sterne-Restaurant beim Diner mit Geschäftsgästen unversehens und „automatisch" das Messer ableckt, wie man es sonst ja auch immer tut.

Eine sinnvolle Regel beschreibt daher auch die **Konsequenzen** bei Nichtbefolgung. Und damit ist nicht die Strafe gemeint, sondern was passiert oder passieren kann als direkte Folge. Beispielsweise ist das Baden mit vollem Magen deshalb nicht ratsam, weil dadurch der Kreislauf über Gebühr belastet werden kann. Und ein Kreislaufkollaps beim Schwimmen muss als lebensbedrohlich angesehen werden. Das funktioniert auch dann, wenn die Konsequenzen nicht derart groß sind. Schon eine Geschwindigkeitsbeschränkung auf 70 km/h wird deutlich häufiger eingehalten, wenn sie mit dem Zusatzschild „Lärmschutz" verbunden ist. Diese Information vermittelt nämlich Sinn der Beschränkung und Konsequenz der Nichteinhaltung in einem. Und da Menschen soziale Wesen sind, sehen wir auch den freiwilligen Schutz anderer durchaus als sinnvoll an.

Noch wichtiger ist die Darstellung möglicher Konsequenzen dort, wo **echte Gefahren** lauern. Wo immer es möglich ist, sollten Sie in Übungs- und Trainingssituationen diese Konsequenzen sichtbar und erfahrbar machen. Viele Regeln wurden aufgrund von Risiken aufgestellt, die sich unserer Alltagserfahrung und unserer Vorstellung von der Dynamik eines Ereignisses entziehen. Das bloße, auch noch möglichst sachliche Beschreiben der Gefahr reicht dann oft nicht aus.

In der Feuerwehrschule Rotterdam werden unter anderem die Berufsfeuerwehrleute für petrochemische und chemische Betriebe ausgebildet. Die Ausbildung findet dabei ganz konsequent in der Praxis statt. So gibt es beispielsweise einen Gebäudenachbau, an dem demonstriert

werden kann, mit welch blitzartiger Geschwindigkeit sich ein Feuer in einem Flur ausbreiten kann, wenn die Brandschutztüren nicht geschlossen sind. Wer allein die Filmaufnahmen, die quasi einem riesigen Flammenwerfer gleichen, gesehen hat, kommt auch im Löscheinsatz nie wieder auf die Idee, sich Hals über Kopf in den Einsatz zu stürzen. Die Feuerwehrleute, die in spezieller Schutzkleidung an den Live-Übungen teilnehmen, kommen nach kürzester Zeit hustend und keuchend wieder ans Tageslicht und sind völlig entgeistert über ihr Erlebnis. Keine noch so nachdrückliche Regel der Art „Bei Löscheinsätzen immer erst die Einsatzstelle prüfen!“ hätte dieselbe Wirkung haben können.

In einem Unternehmen betreffen die Konsequenzen oft nicht den einzelnen Mitarbeiter, dafür aber die **Firma als Ganzes**. Gerade im Bereich der Unternehmensethik und von Governance und Compliance treffen Strafzahlungen in Millionenhöhe und Imageschäden ja das gesamte Unternehmen. Dabei kann durchaus klargemacht werden, dass man die Nichteinhaltung der Regeln als einen eklatanten Mangel an Loyalität von Seiten des Mitarbeiters betrachten kann.

Wollte man alle eben aufgestellten Forderungen innerhalb der Regel selbst berücksichtigen, würden Regelwerke rasch auf Romanstärke anwachsen. Daher ist es durchaus sinnvoll, die Regel selbst als eine Art Merksatz kurz und knapp zu halten. Sie sollte jedoch, zum Beispiel bei ihrer Einführung oder in entsprechenden Gesprächen, mit den passenden Erläuterungen versehen werden.

Wie kann so etwas nun in der betrieblichen Praxis aussehen? Greifen wir dazu noch einmal auf das Beispiel aus dem vorangegangenen Kapitel mit der Einladung nach Cannes zurück. Wir hatten ausgeführt, dass der Rückzug auf eine Unternehmensrichtlinie Auswirkungen hat, die langfristig die Loyalität des betroffenen Mitarbeiters untergraben. Sie mögen sich fragen, wie denn das Ergebnis bei der partnerschaftlichen Lösung aussieht. Darum setzen wir den Dialog fort:

Mitarbeiter: Guten Tag. Ich wollte mal fragen, also, wir haben ja diese Regelungen über Geschenke, was wir annehmen dürfen und was nicht. Jetzt hat mich hier ein Kunde zu einer Veranstaltung eingeladen. Tolle Sache, in Cannes, mit Diskussionsveranstaltung und Abendessen. Hier, schauen Sie mal. Und das ist ja recht teuer, da wollte ich das nur mit Ihnen abstimmen – Sie haben doch nichts dagegen, oder?

Vorgesetzter: Wenn Ihnen eine solche Einladung auf den Tisch flattert, ist das natürlich verlockend. Und für mich geht es darum, die Regeln des Unternehmens zu schützen. Wenn ich Ihnen so eine große Sache zubillige, haben die anderen Kollegen einen Präzedenzfall.

Mitarbeiter: Ja schon, aber Sie können doch auch eine Ausnahme machen. Neulich durften doch auch drei Kollegen aus der Entwicklung nach Kanada fliegen? Das war doch auch eine Einladung von CNT.

Vorgesetzter: Das stimmt, allerdings nur teilweise. Um die Kollegen zu schützen, haben wir die Kosten für den Flug und Aufenthalt übernommen. Für uns war der fachliche Austausch der Kollegen vor Ort von großem Interesse. Die tatsächliche Einladung von CNT bezog sich auf das angebotene Programm. Sie machen mir gerade deutlich, dass man das hätte besser kommunizieren sollen.

Mitarbeiter: Ach *so* war das. Hm. Ich dürfte also nur nach Cannes fahren, wenn das im Sinne des Unternehmens wäre.

Vorgesetzter: Stimmt – und das in Ihrem eigenen Interesse. Wenn Sie sich in irgendeine Abhängigkeit zu einem unserer Kunden bringen, sind Sie in Ihrer Entscheidungsfreiheit beschränkt. Das war auch der Grund, warum wir bei den drei Kollegen die Kosten übernommen haben, damit bei künftigen Verhandlungen mit CNT nicht irgendein eigenwilliger Bezug hergestellt werden kann.

Mitarbeiter: Das leuchtet ein, wobei ich mir nicht vorstellen kann, dass sich dieser Kunde irgendwelche Vorteile aus seiner Einladung verspricht.

Vorgesetzter: Mag sein. Hier helfen uns unsere Richtlinien, stets auf der sicheren Seite zu bleiben. Gerade weil es so schwer ist, zu erkennen, wann beim Austausch gegenseitiger Gefälligkeiten die Abhängigkeit beginnt, haben wir die 50 € Regelung festgelegt. Das mag Ihnen kleinlich erscheinen und bewahrt Sie gleichzeitig vor unterschwelligen Verpflichtungen.

Mitarbeiter: Schade, ich hatte mich schon gefreut. Aber Sie werden da vermutlich keine Ausnahme machen.

Vorgesetzter: Ich bezweifle, dass Sie das wirklich wollen.

Mitarbeiter: Da haben Sie eigentlich Recht. Am liebsten wäre es mir, wenn ich mit allgemeiner Zustimmung dorthin reisen dürfte. Und die bekomme ich offenbar nur, wenn es im offensichtlichen Interesse unserer Firma ist.

Vorgesetzter: Ganz genau. Ich vermute auch, das wird bei dieser Veranstaltung nicht gegeben sein. Aber wenn dieser Kunde Sie bittet, beispielsweise einen Vortrag zu halten, dann lässt sich sehr klar prüfen, wieweit so etwas uns allen dient und darum auch unterstützt werden sollte.

Mitarbeiter: Ja, das werde ich aufgreifen. Jetzt kann ich dem Kunden auch gut erklären, warum ich absagen muss.

Natürlich liegt die Frage nahe, die wir oft zu hören bekommen: „Soll ich etwa jedem Mitarbeiter lang und breit die bestehenden Regeln erklären? Wo führt das denn hin? Irgendwann muss ich auch mal arbeiten.“ Diese Äußerung entlarvt allerdings eine fragwürdige Haltung, nämlich die Unterscheidung in „richtige“ Vorgesetzten-Arbeit und „lästige“ Mitarbeitergespräche. Angesichts der Ansprüche, die in den Unternehmensleitlinien formuliert sind, muss sich jeder Vorgesetzte fragen, wie er deren Umsetzung konkret leben will, wie aus einem Sollen ein Sein wird. Darin unterscheidet sich die Unternehmensphilosophie von der Unternehmenskultur: die eine legt dar, wie man sein will, die andere zeigt, wie man tatsächlich ist.

(3) Wirksame Regeln nennen die Bedingungen, unter denen sie anzuwenden sind.

Viele Regeln kommen mit einem selbstbewussten Anspruch daher, immer eingehalten zu werden. Was dabei oft fehlt, sind die genauen Bedingungen für ihre Gültigkeit, also der **Kontext der Anwendung** und eine Wenn-dann-Beziehung. Dazu gehört auch, mögliche Ausnahmen und die Grenzen zu beschreiben.

Gerade bei moralischen Fragestellungen und in den vorangegangenen Kapiteln beschriebenen Abwägungsprozessen, gibt es ja den Kernbereich der Gültigkeit einer Regel und die Grauzone am Rande, in der es durchaus Ausnahmen geben kann. Im Bereich der Medizin gibt es beispielsweise die Ethikkommission, deren Aufgabe es ist, in gerade den Fällen, in denen keine Regel wirklich sinnvoll sagt, was zu tun ist, einen Weg vorzuschlagen. In den Unternehmen werden dafür in der letzten Zeit ebenfalls vermehrt Stellen eingerichtet, an die man sich zur Klärung kniffliger Fragen wenden kann.

Die Angst vor diesen Grauzonen führt meist zu mehr und mehr Regeln, ohne dass dadurch die notwendige Klarheit hergestellt würde. Als Ausweg empfiehlt es sich, klar zu sagen: „Unter diesen und jenen Bedingungen gilt Regel A. In Ausnahmefällen entscheidet der Mitarbeiter vor Ort nach bestem Wissen und Gewissen.“ oder Ähnliches. Die darin zugestandene Entscheidungsfreiheit führt, da sie gleichzeitig mit Verantwortung verknüpft ist, nun nicht dazu, dass alle Regeln missachtet werden. Im Gegenteil: durch die Ansprache des Erwachsenen-Ichs steigt die Wahrscheinlichkeit ihrer Einhaltung.

Zu Beginn dieses Kapitels hatten Sie sich über Regeln Gedanken gemacht, die Sie von Kinderspielen kennen. Nehmen wir einmal die Regel „Kleine dürfen schummeln“. Durch sie werden die üblichen Bedingungen eines Spiels, nämlich die, dass sich alle an die Spielregeln halten, in Teilen außer Kraft gesetzt. Das gilt aber nicht, wenn ein Vierzigjähriger mit zwei Sechzigjährigen Skat spielt, nicht einmal, wenn er das Spiel gerade erst lernt. Sondern bei kleinen Kindern soll diese Ausnahme den Zweck erfüllen, sie überhaupt mitspielen zu lassen und integrieren zu können. Erreichen diese Kinder dann ein entsprechendes Alter, dann werden auch für sie die normalen Regeln wieder in Kraft gesetzt.

Weil ja bekanntlich Übung den Meister macht, bieten wir Ihnen im Folgenden eine Übung zum Umformulieren einer Regel an. Sie werden bemerken, wie viel Platz Sie benötigen, um unsere drei Regeln mit allen ihren Unterpunkten anzuwenden.

Aufgabe: Vermutlich gilt auch in Ihren Meetings die Regel: „Wir fassen uns kurz!" Wie lässt sich diese knappe Regel optimieren?

Unser Vorschlag für eine Umformulierung lautet:

„Wir fassen uns kurz!" – „Wer zu Beginn seines Redebeitrags ankündigt, ob seine Ausführung ein Vorschlag, eine Stellungnahme (Zustimmung bzw. Ablehnung) oder eine Frage ist, erhöht die Aufmerksamkeit auf das Kommende. Derart vorstrukturierte Beiträge werden nicht nur überschaubar kurz, sie tragen auch dazu bei, dass wir uns alle auf das Wesentliche konzentrieren. Wer sich an diese Regel hält, trägt sowohl zu einer Verkürzung unserer Meetings bei als auch zur Steigerung unserer Effektivität."

Vielleicht stöhnt jetzt der eine oder andere, weil wir aus einer kurzen Vier-Wort-Regel glatt ein Kurzessay verfasst haben. Doch was hilft eine bündige Regel, an die sich keiner hält?

Nun mag manch einer einwenden, dass bei unserer ausführlichen Regel die Gefahr besteht, dass jemand seinen Beitrag zwar als Vorschlag einleitet, dann aber in einen endlosen Monolog verfällt. Wer mit dieser

Regel noch nicht gearbeitet hat, zweifelt verständlicherweise. Unsere Erfahrung zeigt, dass die Vorstrukturierung von Äußerungen zu einer Konzentration auf das Wesentliche führt, die ganz automatisch die Beiträge ungemein verkürzt. Darüber hinaus kann man die Zusatzregel für den Moderator einführen, einen Redebeitrag umgehend zu unterbrechen, wenn nicht klar ist, worauf die Ausführungen abzielen.

Der Titel dieses Kapitels „Wie Sie Regeln wertschätzend vermitteln" soll keineswegs ein konfliktfreies Miteinander suggerieren. Der eigentliche Grundsatz partnerschaftlicher Führung besteht darin, seinem Gegenüber einen eigenen Standpunkt zuzubilligen und sich einer Auseinandersetzung zu stellen, bei der das Ergebnis offen ist. Diese **Offenheit** ist notwendig, weil uns in der Regel das Hintergrundwissen fehlt, um zu verstehen, warum unser Gegenüber diese Sichtweise einnimmt. Das beinhaltet allerdings auch die Möglichkeit, dass wir bei dieser Meinungsverschiedenheit unseren zunächst eingenommenen Standpunkt aufgeben, weil wir den Sachverhalt mittlerweile in einem neuen Licht sehen. Dabei zeigt sich, dass es mehr Stärke benötigt, unsere Position offen zu räumen und uns überzeugen zu lassen, als mit allen möglichen Machtmitteln unser Gegenüber zu nötigen, seinen Standpunkt aufzugeben.

Als letzten Punkt möchten wir für das Aufstellen von Regeln noch eines empfehlen: die konsequente Selbstbeschränkung. Genauso wie die Vielfalt an Verkehrsschildern in einer Großstadt heute jeden Autofahrer schlicht überfordert, da gar nicht genug Zeit zur Verfügung steht, sie alle rechtzeitig wahrzunehmen, so muss auch die Flut von Vorschriften, Regelungen, Policies und Verfahrensanweisungen, die ein durchschnittliches Unternehmen heute aufstellt, jeden Mitarbeiter (und Vorgesetzten) überfordern.

Vielleicht werden Sie über den enormen Zeitaufwand stöhnen, wenn Sie unsere Regeln zum Aufstellen von Regeln befolgen. Doch alles zusammen genommen bewirkt, dass die Adressaten einer Regel sie von nun an aus Einsicht und freiwillig, sozusagen von innen heraus, einhalten. Damit hat die Einführung einer solchen zielführenden Regel oder eines Regelwerkes zwar eine Menge Aufwand mit sich gebracht, dafür kann man sich aber gleichzeitig viele Kontrollen sparen, die sonst notwendig gewesen wären.

9. Kontrolle ist gut, Vertrauen ist besser

Für ein Unternehmen spielt Vertrauen zum Thema Unternehmensethik an drei Stellen eine Rolle:

(1) Bei der Frage, wie viel **Vertrauen** dem Unternehmen **von außen** entgegengebracht wird.

(2) Bei der Frage, wieweit man die Handlungen seiner Mitarbeiter **kontrollieren** will und muss.

(3) Bei der Frage nach der **Glaubwürdigkeit** des Unternehmens **nach innen**.

Das Maß an Vertrauen, das ein Unternehmen bei diesen drei Fragen erreicht, kann dabei als eine Art Gradmesser dafür angesehen werden, als wie „ethisch" es angesehen wird. Alle Anstrengungen zur Aufstellung einer Unternehmensethik und ihrer Implementierung im Unternehmensalltag zielen letztlich auf eines ab: Auf den Aufbau und den Erhalt von Vertrauen.

Im ersten Kapitel hatten wir uns ja mit der Frage nach dem Vertrauen bereits in Ansätzen beschäftigt. Vielleicht erinnern Sie sich noch an das Beispiel mit dem verspäteten Klempner.

Lassen Sie uns nun zunächst das Phänomen des Vertrauens aus der psychologischen Sicht betrachten. Dabei gibt es drei Mechanismen, die für die Umsetzung der Unternehmensethik von Bedeutung sind, nämlich die Reziprozitätsregel, die dreifache Generalisierung des Misstrauens und das Vertrauenskonto. Was lässt sich nun darunter verstehen?

Die Reziprozitätsregel

Vielleicht kennen Sie das unangenehme Gefühl, wenn Ihnen jemand zum Geburtstag oder einem anderen Anlass ein besonders großes Geschenk macht. Mindestens unterschwellig vergleicht man dieses Geschenk mit den Gaben, die man selbst beim letzten Mal verteilt hat und prüft, ob diese dabei noch „Bestand" haben. Und wenn der Geburtstag der anderen Person das nächste Mal herannaht, beginnt man sich schon frühzeitig zu sorgen, was man denn diesmal verschenken könnte, das als Gegengabe angemessen ist. Ähnliches gilt, wenn wir jemanden um einen großen Gefallen bitten. Aber auch umgekehrt können wir durchaus das Gefühl haben, dass uns jemand „etwas schuldig geblieben ist".

Die Ursache dieser Gefühle liegt in unserer Entwicklungsgeschichte begründet. Menschen haben von jeher in einer Gemeinschaft gelebt und diese Gemeinschaft auch gebraucht, um zu überleben. Hatte ein Teil der Gruppe beim Jagen Erfolg gehabt oder hatten einige Mitglieder besonders viele Beeren, Pilze oder Ähnliches gefunden, wurde selbstverständlich geteilt. Mit dem Abgeben von der eigenen Beute wurde dabei erwartet, dass es die anderen umgekehrt selbstverständlich ebenso halten würden. Dieses Muster ist so tief in uns verwurzelt, dass wir auch heute noch danach streben, einen erhaltenen Vertrauensvorschuss, Vertrauen darin nämlich, dass wir uns demnächst revanchieren werden, möglichst bald zurückzugeben.

Der Vertrauensvorschuss ist die zentrale Voraussetzung bei der Entstehung von Vertrauen. Wer Vertrauen erwartet oder einfordert, muss zunächst selbst einen Vorschuss geben, andernfalls wird er kein Vertrauen erlangen.

Die Reziprozitätsregel hat zwei Gesichter. Zum einen ist sie es, die einer Gemeinschaft ihre Stabilität verleiht. Denn wir empfinden es in den allermeisten Fällen gar nicht als Belastung, sondern als tatsächlich selbstverständlich, unser tägliches Geben und Nehmen. Es fällt nur an den Extrempunkten besonders ins Auge.

Auf der anderen Seite – und hier kommt die Unternehmensethik ins Spiel – macht sie uns anfällig für Manipulationen. Eine Reihe psychologischer Experimente zeigt, dass Menschen, nur unter dem Druck der erwarteten Gegenleistung, auch bereit sind auf eine eigentlich viel zu große Bitte einzugehen. Die Verhinderung dieses Mechanismus steckt übrigens hinter dem in letzter Zeit stark eingeschränkten Annehmen von Geschenken im geschäftlichen Bereich. Die aus dem Empfinden vieler Mitarbeiter, vor allem aber vieler Vorgesetzter (auf sie selbst bezogen) geradezu peinlich niedrigen Grenzen für akzeptable Mitbringsel, Einladungen und Aufmerksamkeiten sollen eben genau verhindern, dass später ein Mitarbeiter im Einkauf vor der Wahl zwischen mehreren Lieferanten steht und einer

dabei ist, dem er wegen einer ausgiebigen Abendeinladung noch „etwas schuldig ist“. Die Grenzen für eine Manipulierbarkeit sind dabei derart gering, dass diese schmerzhaften Einschränkungen notwendig sind. Gleichzeitig verhindert aber diese Einschränkung in der Tat den Aufbau einer vertrauensvollen Beziehung. Um das dennoch zu erreichen, muss man sich also etwas anderes einfallen lassen und alternativ beispielsweise den persönlichen Kontakt erhöhen. Denn wenn es eines gibt, das Menschen noch mehr bindet als Gabe und Gegengabe, dann ist das das knappe Gut der Aufmerksamkeit.

Die dreifache Generalisierung des Misstrauens

Misstrauen ist nicht einfach die Abwesenheit von Vertrauen, sondern tatsächlich sein Gegenteil. Während man vertrauensvoll annimmt, dass der andere im gemeinsamen Sinne handelt und man sich auf ihn verlassen kann, nimmt man beim Misstrauen an, dass er einem – unter Wahrnehmung eines persönlichen Vorteils für ihn selbst – zum *Schaden* handeln und sich eben *nicht* an gemeinsame Vereinbarungen halten wird.

Wem an dem anderen nicht gelegen ist, da er ihn nicht „braucht", dem kann auch gleichgültig sein, ob der andere ihm misstraut oder nicht. Aus der Sichtweise der Betroffenen ist Misstrauen also eine Form von Selbstschutz. Diese Reaktion ist ebenfalls archaisch und dient unter dem Gesichtspunkt der Evolution dem Überleben. Natürlich sind das jetzt große Worte für gewöhnliche Alltäglichkeiten, doch unser Gehirn, genauer gesagt das limbische System, filtert jede Wahrnehmung hinsichtlich Gefahr bzw. unangenehmer Gefühle. So betrachtet stellt das Misstrauen eine gesunde Reaktion dar und warnt vor Fallen und Gefahren.

> Misstrauen erfüllt eine Warnfunktion, sich nicht unnötig weiteren unangenehmen Empfindungen auszusetzen und Nachteile zu minimieren.

Wobei das im Wirtschaftsleben durchaus in einem größeren Zusammenhang zu sehen ist. Wie sehr braucht ein Unternehmen seine Mitarbeiter, seine Kunden und seine anderen Geschäftspartner? Wie sehr braucht Wirtschaft das Vertrauen der Gesellschaft?

Die Bemühungen von Unternehmen, mit der Erstellung von Ethikbroschüren und Compliance-Organisationen, sozusagen ihre Vertrauensfähigkeit unter Beweis zu stellen, zeugen davon, dass Vertrauen als wesentlich betrachtet wird.

Der Mechanismus der dreifachen Generalisierung des Misstrauens beschreibt, in welchen Phasen ein Vertrauensverlust ablaufen kann, warum für Unternehmen hier klar das „Wehret den Anfängen!" gilt und warum auch Einzelfälle von Fehlverhalten nicht toleriert werden können.

Nehmen wir einmal den unangenehmen Fall an, Sie ertappen

den Leiter Ihrer Kfz-Werkstatt dabei, dass er Leistungen, beispielsweise das Reinigen der Zündkerzen, abgerechnet hat, ohne sie tatsächlich zu erbringen. Als erste Folge werden Sie selbstverständlich die Rückgabe des Geldes verlangen oder – aber hier wird es schon fraglich – die nachträgliche Erledigung.

Wenn Sie das Rückgeld erhalten, werden Sie es diesmal vermutlich genauer nachzählen als sonst.

Der einmalige Vertrauensbruch mag aus Sicht dessen, der einen anderen übervorteilt, eine lässlicher Fehltritt sein, der bitte nicht dramatisiert werden möge. Dabei werden dann gern die waltenden Umstände, die sogenannten Sachzwänge oder höhere Ziele entschuldigend angeführt oder es wird gar bezweifelt, dass dieses Verhalten berechtigterweise misstrauisch macht. Unser Selbstschutzmechanismus tendiert allerdings zur Verallgemeinerung. Hat jemand unser Vertrauen an einem Punkt missbraucht, so neigen wir dazu, diesem Menschen auch in anderen Bereichen zu misstrauen.

Und dahinter verbirgt sich die **erste Generalisierung**: Sie schließen von einer Unehrlichkeit auf einem Gebiet auf andere und trauen dem Mann nun auch beim Wechselgeld eine Schummelei zu seinen Gunsten zu. Der Volksmund kennt dazu den Spruch: „Wer einmal lügt, dem glaubt man nicht, und wenn er auch die Wahrheit spricht." Häufig wird auch der folgende Satz aus dem Lukasevangelium zitiert: „Wer im Geringsten treu ist, der ist auch im Großen treu. Und wer im Geringsten unrecht ist, der ist auch im Großen unrecht." *(Lukas 16 Vers 10)*.

Nun werden Sie in Zukunft Ihren Wagen also in eine andere Werkstatt bringen. Aber auch dort werden Sie sich nicht mehr ganz entspannen und vertrauensvoll das Arbeitsergebnis erwarten. Sondern Sie werden genauer als vorher hinsehen, ob auch alles tatsächlich und in der gewünschten Qualität erledigt ist, bevor Sie mit dem Wagen vom Hof rollen. Sie haben also ihr erworbenes Misstrauen von einem Kfz-Mechaniker auf seine Berufskollegen übertragen. Das ist die **zweite Generalisierung**.

Nun treffen Sie sich abends mit Freunden, und bei dieser Gelegenheit berichten Sie auch von Ihrem Erlebnis mit den Zündkerzen. Fährt nun einer Ihrer Freunde demnächst zu einer Werkstatt, um an seinem Wagen eine Kleinigkeit erledigen zu lassen, wird auch er vielleicht ein wenig genauer kontrollieren, ob die neuen Zündkerzen wirklich neu sind. Die **dritte Generalisierung** bedeutet, dass Misstrauen sich sogar auf andere überträgt und auch jemand, der nur von einem Ereignis hört, misstrauischer wird.

Um misstrauisch zu werden, bedarf es also keiner eigenen Erfahrung. Diese Art des Lernens durch Beobachtung ist evolutionär hoch wirksam, weil es uns erspart, alle unangenehmen Erfahrungen selbst zu machen. In der Psychologie spricht man vom „erlernten Misstrauen". Wobei die Tendenz, von einer Einzelerfahrung auf eine allgemeine Haltung zu schließen, die Entstehung von Vorurteilen begünstigt.

Das Problem dabei ist, dass einmal verlorenes Vertrauen so leicht nicht wiederzugewinnen ist. Und das betrifft eben nicht nur die Beziehung zwischen Einzelpersonen, sondern kann sich über die dreifache Generalisierung des Misstrauens von einem Mitarbeiter auf das Unternehmen, auf ganze Berufsgruppen oder Wirtschaftszweige ausdehnen. *Otto von Bismarck* sagt dazu:

„Das Vertrauen ist eine zarte Pflanze. Ist es zerstört, so kommt es so bald nicht wieder."

Das Vertrauenskonto

Das Vertrauenskonto gibt es natürlich nicht wirklich. Der Ausdruck ist eine bildhafte Umschreibung dessen, was in einem Menschen abläuft, wenn es um das Thema Vertrauen geht. Die Fragestellung ist besonders für Unternehmen interessant, die in der jüngeren Vergangenheit gerade Probleme mit dem Vertrauen anderer in ihre Integrität, Glaubwürdigkeit, Ehrlichkeit oder Ähnliches gehabt haben, denn hier geht es darum: Wie kann man einmal verlorenes Vertrauen wieder zurückgewinnen. Wie aber funktioniert nun ein solches Vertrauenskonto? Und wie kann man aus einem saftigen Minus wieder zu einem Guthaben kommen?

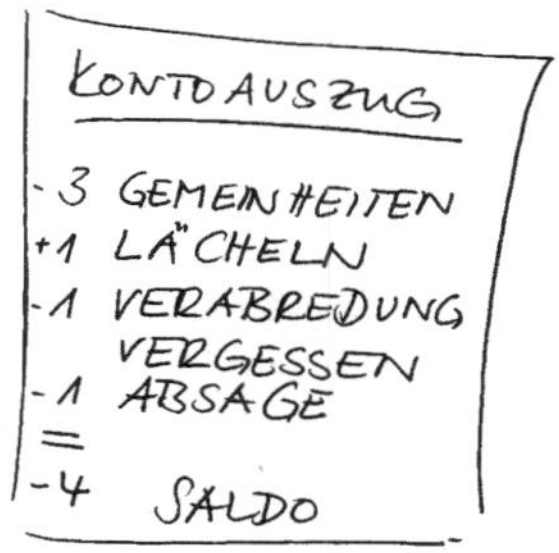

Üblicherweise richten wir unser soziales Miteinander auf der Basis eines grundsätzlichen Vertrauensvorschusses ein. Dabei gehen wir davon aus, dass uns Mitmenschen nicht übel wollen, uns weder körperlich angreifen, noch uns berauben oder sonst wie beeinträchtigen. Zwar lehrt uns die Lebenserfahrung, die Vertrauenswürdigkeit eines anderen zu prüfen, ehe wir ihm größere Werte anvertrauen. Doch im Großen und Ganzen gehen wir davon aus, dass unser Vertrauensvorschuss vom Gegenüber entsprechend erwidert wird. Ist dies der Fall, so kann in der Folge weiterer guter Erfahrungen das Vertrauen zunehmen, bis schließlich eine stabile, vertrauensvolle Beziehung entstanden ist.

Doch wenn der Vertrauensvorschuss missbraucht wird, entsteht in kürzester Zeit Misstrauen.

In diesem Zusammenhang wird gern das Bild des Kontos bemüht. Wer über einen hohen Kontostand verfügen möchte, muss mehr Einzahlungen als Abhebungen leisten und muss stets darauf bedacht sein, dass der Kontostand nicht ins Minus geht. Der Gedanke, dass vom Vertrauenskonto Abhebungen stattfinden, trägt der Tatsache Rechnung, dass wir im Alltag immer wieder manchmal absichtlich, meist aber unabsichtlich Handlungen ausführen, die vom anderen als unehrlich oder gar arglistig empfunden werden, ihn also misstrauisch werden lassen.

Am Anfang einer Beziehung wird der Vertrauensvorschuss wesentlich geprägt durch spontane Sympathie, Hoffnungen und Erwartungen. Das ist sozusagen unser Startguthaben. Doch dieses zarte Pflänzchen muss, um noch einmal mit *Bismarck* zu sprechen, gehegt werden, soll es kräftig wachsen. Und da stellt sich die Frage, was denn das Vertrauenswachstum anregt.

Vielleicht haben Sie Lust, sich zu überlegen, welche Verhaltensweisen Sie gewissermaßen als Einzahlung auf Ihr Vertrauenskonto empfinden, das Sie ja für jeden Menschen, mit dem Sie zu tun haben, angelegt haben.

Häufig werden dabei die folgenden oder ähnliche Punkte genannt:

- Versprechen und Zusagen werden eingehalten. Oder man wird rechtzeitig und mit Bedauern informiert, wenn der andere aus guten – das heißt, für einen selbst nachvollziehbaren – Gründen von seiner Zusage zurücktreten muss.
- Der andere geht auch von seiner Seite aus aktiv auf uns zu, zeigt Interesse an einer persönlichen Beziehung sowie Einfühlungsvermögen und echtes Interesse daran, wie es einem selbst geht. Er bringt uns Vertrauen entgegen.
- Wenn der andere auf einen authentisch wirkt, man ihm also anmerkt, dass er meint, was er sagt.

- Wenn jemand selbst nach den eigenen Grundsätzen lebt, also nicht das eine sagt und das andere tut.

Die Liste lässt sich noch beliebig fortsetzen. Immer aber geht es darum, dass der andere so handelt, wie man es von ihm – aufgrund seiner eigenen Aussagen, aufgrund früherer Erfahrungen mit ihm oder aufgrund gesellschaftlicher Normen – erwartet. Vertrauen und Verlässlichkeit gehen also Hand in Hand. Der zweite Punkt fällt vielleicht zunächst aus der Reihe. Wenn man sich aber vergegenwärtigt, dass dahinter steht, dass dem anderen an der gegenseitigen Beziehung gelegen ist und er sich daher mit hoher Wahrscheinlichkeit nach der Reziprozitätsregel verhalten wird, lässt sich seine Rolle für den Aufbau von Vertrauen verstehen.

Auch umgekehrt bietet es sich an, einen Moment innezuhalten und einmal stichwortartig zu notieren, welche Verhaltensweisen nachhaltig das Vertrauen belasten bzw. dazu führen, das Konto ins Minus zu bringen.

Ein älterer Abteilungsleiter antwortete spontan mit der folgenden Geschichte:

> „Ich muss wohl 15 Jahre alt gewesen sein, als mir mein damaliger Biolehrer wegen eines zerbrochenen Elektrosteckers eine Ohrfeige gab. Dabei hatte ich mit dem kaputten Stecker gar nichts zu tun. Als ich mich daheim bei meinen Eltern über diese schreiende Ungerechtigkeit beklagte, erhielt ich von meiner Mutter zur Antwort: ‚Grundlos wird er dich nicht geschlagen haben. Irgendetwas wird schon vorgefallen sein.' Ich fühlte mich damals ziemlich verraten und habe fortan nicht mehr viel aus der Schule berichtet."

Der Punkt, der hier zur größten Abhebung vom Vertrauenskonto führt, ist:

- Der andere bringt einem von seiner Seite ungerechtfertigt kein Vertrauen entgegen.

Immerhin wird dem Jungen in der Geschichte von drei wichtigen Bezugspersonen, die ihn eigentlich gut genug kennen müssten, nicht geglaubt. Dahinter steckt eben auch:

- Der andere zeigt kein Interesse an uns, unserem Wohlergehen und einer persönlichen Beziehung und auch kein Einfühlungsvermögen.

Als Abhebungen vom Vertrauenskonto zählen auch Dinge wie:

- Verstöße gegen Regeln und Vereinbarungen sowie gegen das moralische Empfinden des Anderen, wie zum Beispiel zu lügen. Auch als Abhebung, allerdings in geringerem Maße, wirkt allein schon der begründete Verdacht.
- Versprechen und Zusagen werden nicht eingehalten.
- An sich selbst andere (niedrigere) moralische Maßstäbe anlegen als an andere.

Auch hier lassen sich noch reichlich weitere Beispiele und Themen finden. Dennoch zeigen diese beiden kurzen Listen bereits, welche Handlungen es sind, die sich als Buchungen auf dem Vertrauenskonto niederschlagen. Hinter einigen werden Sie übrigens den Bruch des Reziprozitätsprinzips entdecken können.

Interessanterweise trifft man gar nicht so selten auf Menschen, die völliges Unverständnis dafür zeigen, dass andere mit einem gewissen „Anstand" behandelt werden möchten. Sie sind so sehr auf ihren eigenen Vorteil konzentriert, dass ihnen gar nicht klar ist, dass der andere schließlich seine eigenen Interessen verfolgt und es nicht automatisch erstrebenswert findet, dass es (nur) ihnen gut geht. Sie kennen sicher den dann gern gebrachten Spruch „Der soll sich nicht so anstellen!", den immer derjenige auf den Lippen führt, der dabei ertappt wurde, wie er etwas an sich bringen oder zum eigenen Vorteil nutzen wollte, das ihm eigentlich nicht zustand. Vollends grotesk wird es, wenn Vertrauen dennoch verbal eingefordert wird: „Sie müssen mir einfach glauben!", „Sie sollten mehr Vertrauen haben!", „Vertrauen Sie sich mir ruhig an!". Damit wird dann endgültig klar, dass dieser Mensch die Welt nur durch seine eigene Brille betrachten kann.

Falls Sie übrigens erschrocken feststellen, dass Sie unabsichtlich jemanden verletzt oder enttäuscht haben, gibt es einen einfach zu beschreibenden, aber nicht immer leicht zu gehenden Weg, um das Vertrauenskonto wieder zu bereinigen: Entschuldigen Sie sich! Eine ehrlich gemeinte Entschuldigung ist ein großer Vertrauensbeweis, und sie zeigt, dass einem selbst an der guten Beziehung zum anderen wirklich gelegen ist.

Und im umgekehrten Fall? Gestatten Sie uns eine kurze Abschweifung: Erinnern Sie sich noch an *„Tit for tat"* aus Kapitel 5, das Computerprogramm, das aus dem Strategiewettkampf zweimal als Sieger hervorging? Eine seiner wichtigsten Eigenschaften war, dass es „Fehlverhalten" sofort verzieh, wenn der andere davon abließ und stattdessen wieder kooperierte. Das ist bei Menschen nicht ganz so simpel, schon, weil man die „neue Redlichkeit" nicht immer so einfach feststellen kann. Aber Vergebung ist dennoch immer eine gute Idee. Natürlich kann man also dem anderen seinen Kontoauszug hinhalten und sagen: „Da! Sieh, wie sehr Du mich beleidigt hast!" Aber spätestens, wenn der andere sich glaubwürdig entschuldigt (und das nicht schon die 1001. Beteuerung ist), nützt es auch einem selbst, darauf einzugehen. Man fühlt sich einfach besser, wenn man zu anderen vertrauensvolle Beziehungen pflegt. Wer dennoch gern in der Schmollecke bleibt, um dem anderen zu der Rückzahlung noch die Zinsen abzupressen, mag bedenken: Nicht einmal einer Bank geht es gut, wenn alle Kunden bei ihr in der Kreide stehen.

Vermutlich werden Sie in der nächsten Zeit bei der einen oder anderen Verhaltensweise ihres Gegenübers bewusst registrieren, dass da gerade eine größere Summe Vertrauen abgehoben oder eingezahlt wurde.

Ein solches Vertrauenskonto gibt es aber nicht nur zwischen Menschen. Auch Ihr Unternehmen hat zahllose Vertrauenskonten. Das bringt uns nun zu der eingangs gestellten Frage:

(1) Wie entsteht das Vertrauen, das einem Unternehmen von außen entgegengebracht wird?

Wird ein Unternehmen gegründet und tritt zum ersten Mal mit anderen Geschäftspartnern in Kontakt, so entspricht das auf der persönlichen Ebene dem ersten Kennenlernen. Über die weiteren Erfahrungen, die man im Laufe der Zeit miteinander macht, wächst dann auch dort das – gegenseitige – Vertrauen bis hin zu langjährigen Geschäftsbeziehungen, die auch einmal eine Krise überdauern.

Auch hier gibt es Einzahlungen auf das Vertrauenskonto und Abhebungen davon, die im Wesentlichen auf zwei Faktoren beruhen. Der eine Faktor ist die Leistung im geschäftlichen Austausch, also die Einhaltung von Qualitätsversprechen und Terminzusagen, ein passendes Preis-Leistungs-Verhältnis und Ähnliches, aber auch in der anderen Richtung etwa die pünktliche Zahlung von Lieferantenrechnungen. Eine Abhebung wäre dabei beispielsweise eine Reklamation oder die Erfordernis einer Mahnung, und genau wie man sich im persönlichen Miteinander entschuldigt, wird ein Unternehmen versuchen, den dem Geschäftspartner entstandenen Ärger wiedergutzumachen.

Der andere Faktor sind die dabei entstehenden persönlichen Beziehungen zwischen den Menschen, die in den Unternehmen arbeiten. Wenn das eine Großunternehmen beim anderen Rohstoffe in tausenden von Tonnen bestellt, klingt das recht sachlich. In Wirklichkeit ist es aber auch dort so, dass Herr A., Einkäufer der Habrecht AG, bei Frau B., Vertriebsmitarbeiterin bei Schneller GmbH & Co. KG, kauft. Und je nachdem, wie gut sich die beiden verstehen und für wie integer und verlässlich sie sich gegenseitig aufgrund der Erfahrungen der Vergangenheit halten, werden auch ihre Entscheidungen im Geschäftlichen beeinflusst werden, gerade wenn die Preise, wie bei Standardprodukten üblich, im Markt kaum voneinander abweichen.

Viele Hersteller haben heute zu ihren Kunden keinen direkten Kontakt mehr. Zahllose Produkte von der Glühlampe bis zum Knäckebrot, vom Auto bis zur Kopfschmerztablette werden über Zwischenhändler vertrieben. Daher ist auch das Vertrauensverhältnis ein anderes. Anders als beim Bäckerladen an der Ecke, wo noch jeden Morgen um vier der Chef in die Backstube schlappt, um Brötchen zu backen, ist Einkaufen heute meist ein anonymer und ein indirekter Prozess. Dabei können Kunden recht leicht den Eindruck gewinnen, nur Teil einer großen Zahl zu sein und als Einzelner mit seinen speziellen Bedürfnissen gar nicht mehr wahrgenommen zu werden.

Daher steht und fällt das Vertrauen in ein Unternehmen mit seinem öffentlichen Image auf der einen und der persönlichen Vertrauenswürdigkeit der in seinem Auftrag handelnden Menschen auf der anderen Seite. Ein einzelner Mitarbeiter, der gegen die „Gesetze des Anstands und der guten Sitten" verstößt, kann also beides schwer beschädigen. Während sich aber die Probleme dort, wo eine kleine Anzahl von Menschen miteinander zu tun hat, noch relativ leicht lösen lassen, wird das im öffentlichen Bereich schwierig, da der Verlust an Glaubwürdigkeit nicht nur das aufgetretene Problem, sondern über die Generalisierung des Misstrauens auch alle Versuche, das eigene Image wiederherzustellen, betrifft, nach dem Motto: „Klar! Das müssen die ja jetzt sagen, dass alles wieder in Ordnung ist!“ mit dem Unterton: „Aber ich glaub denen das *trotzdem* nicht!“. Nehmen wir einmal an, Herr A. aus dem oben angeführten Beispiel hat versucht, Frau B. unter Druck zu setzen: Er kauft bei ihr den gesamten Jahresbedarf, aber dafür muss ein Sondermodell als Geschenk an ihn drin sein. Frau B. ist verständlicherweise entsetzt und verärgert. Nehmen wir nun weiter an, sie erzählt sofort ihrem Chef davon und der ruft umgehend den Vorgesetzten von Herrn A. an. Das nächste Gespräch in Sachen Habrecht AG führt Frau B. nun mit Herrn C., dem Nachfolger von Herrn A. Damit ist für sie die Sache erledigt. Sie wird Herrn A. als Person immer noch für einen „Lumpenhund“ halten, aber die Habrecht AG hat sich als zuverlässig und integer erwiesen.

Wesentlich schwieriger wird das, wenn es sich bei den Produkten der Habrecht AG um solche für den Endverbraucher handelt, die in großer Zahl über Warenhäuser, Supermärkte, Fachmärkte oder anderes vertrieben werden. Dort ist einmal verlorenes Vertrauen nur sehr schwer wieder zurückzugewinnen. Die Erinnerung an den großen Betrugsskandal bei der Habrecht AG bleibt noch jahrelang im öffentlichen Gedächtnis – und in den Pressearchiven, von wo sie bei jeder passenden und unpassenden Gelegenheit recycelt wird: „Wirtschaftspreis für Hubert K., Vorstandsvorsitzender der Habrecht AG. dpa – 15 Jahre nach dem großen Betrugsskandal bei der Habrecht AG erhält heute …“. Wenn Sie sich selbst einmal vor Augen halten, wie lange Ihnen selbst Fälle aus den letzten Jahren in Erinnerung bleiben und wie nachhaltig dadurch Ihr eigenes Vertrauen in bestimmte Produkte erschüttert wurde, wird deutlich, wie weitreichend das Problem sein kann. Als wir einmal in geselliger Runde diese Frage aufwarfen, kamen spontan folgende Antworten zusammen:

„Seit ich weiß, dass man uns genmanipulierten Mais unterjubeln wollte, bin ich skeptisch, was die sonst noch ins Essen mischen. Beim Einkaufen mache ich mittlerweile um deren Produkte einen Bogen."

„Eine Woche nachdem unser neuer Flachbildfernseher im Wohnzimmer stand, bin ich fast vom Stuhl gefallen, als ich in einer Werbeanzeige von diesem Händler genau unser Gerät sah, nun aber 200 Euro billiger. Mit denen bin ich fertig, die kalkulieren ihre Preise doch nach dem Mond."

„Die Rückrufaktionen beim Kinderspielzeug macht keine Werbekampagne wieder gut. Wenn 18 Millionen Spielzeuge belastet sind, dann heißt das für mich, Finger weg von chinesischen Produkten."

„Seit den Gammelfleischskandalen kaufe ich ganz anders ein. Mein Misstrauen in die großen Ketten ist so groß, dass ich mir jetzt die Mühe mache, wieder zum Metzger zu gehen. Das ist zwar umständlich und auch teurer, aber das ist es mir wert."

„Also, den Banken trau ich nicht mehr über den Weg. Ich hab mein Geld jetzt in Staatsanleihen angelegt, und da bleibt es auch. Das sind doch sowieso alles nur geldgierige Egoisten."

Sie werden sicher in den Aussagen die dreifache Generalisierung des Misstrauens wiedererkannt haben. Sie stellt die größte Gefahr für ein Unternehmen dar.

Damit ist aber auch klar: Schon die falsche Handlung eines einzelnen Mitarbeiters kann, wenn sie nur für die Öffentlichkeit sichtbar genug wird, einen großen Vertrauens- und damit Imageschaden verursachen, mit allen wirtschaftlichen Konsequenzen.

Und durch die Generalisierung des Misstrauens kann es einem Unternehmen theoretisch passieren, dass es in der Folge einen wichtigen Kredit nicht erhält, obwohl der bekannt gewordene Fall nichts mit den Unternehmensfinanzen zu tun hatte – schlicht weil der Name in den Köpfen der Entscheider bei der Bank unterbewusst mit einem Warnzeichen „Achtung! Unehrlich!" versehen ist.

Gleiches kennen wir ja auch auf der Ebene der Privatpersonen, wo der Tatbestand der üblen Nachrede zu Recht gesetzlich verboten ist, da auch bei ungerechtfertigten Vorwürfen immer „etwas hängen bleibt“. Unser Unterbewusstsein denkt hier wie überall in Bildern. Dass jemand es *nicht* gewesen ist oder *keine* Schuld hatte, geht dabei schnell wieder verloren.

Damit ist klar, dass ein Unternehmen sich schützen muss, und das erfolgt hauptsächlich durch Kontrollen. Das betrifft nicht nur die Operative; auch strategische Werkzeuge wie Risiko- und Krisenmanagementsysteme, die einen weiteren Schutzmechanismus darstellen, kommen nicht ohne sie aus. Kontrollen aber haben selbst einen schlechten Ruf. Wer sich gegen Kontrolle wehrt und sie als Vertrauensbruch empfindet, geht allerdings davon aus, dass sich Vertrauen und Kontrolle gegenseitig ausschließen. Daher stellt sich die Frage:

(2) Wieweit will und muss ein Unternehmen die Handlungen seiner Mitarbeiter kontrollieren?

Damit die von der Unternehmensführung entwickelten Vorstellungen davon, wie in der Firma zu handeln ist, auch wirklich umgesetzt werden, ja, allein schon, damit überhaupt jeder weiß, was von ihm erwartet wird, werden Regeln entwickelt, nach denen man sich richten soll. Wie diese Regeln sinnvollerweise gestaltet werden, haben Sie im vorangegangenen Kapitel erfahren. Deren psychologisch richtige Formulierung macht es zwar deutlich wahrscheinlicher, dass Mitarbeiter sich an die Unternehmensregeln, Sportler an Spielregeln oder Fahrgäste an „Bitte von der Bahnsteigkante zurücktreten!“ halten, aber es schließt Verstöße nicht grundsätzlich aus. Das bringt uns zu der Frage nach Kontrollen.

Sie werden üblicherweise als Mittel eingesetzt, wenn man die Einhaltung von Regeln durchsetzen beziehungsweise erzwingen möchte.

Unglücklicherweise haben handelsübliche Kontrollen psychologische Nebenwirkungen. Die Ursache liegt darin, dass man die übliche Form von Kontrolle auch als kritisches Eltern-Ich in Reinform sehen kann. Besonders, wenn eine negativ ausfallende Kontrolle, also eine Abweichung vom gewünschten Verhalten, mit Strafe belegt ist. Kontrollen erzeugen bei der ehrlichen Mehrheit das Gefühl, man traue ihnen nicht, und damit negative Gefühle und Vermeidungsverhalten, und gleichzeitig schränken sie die durch die Regeln bereits beschnittenen Freiheiten weiter ein. Die Folge: Reaktanz. So wird beispielsweise vor einer angekündigten Radarkontrolle brav herunter gebremst, um den Konsequenzen zu entgehen, anschließend aber rasch wieder auf das gewisse Limit über dem Vorgeschriebenen beschleunigt, das man sich selbst zur Wiederherstellung der verlorenen Freiheit zugebilligt hat. Und um das Maß voll zu machen, wirkt empfundenes Misstrauen gegen einen selbst auch noch als Abhebung vom Vertrauenskonto.

Nun könnte man ja sagen, gut, dann schaffen wir eben alle Kontrollen, die uns nicht vom Gesetzgeber zwingend vorgeschrieben sind, einfach wieder ab. Die Kehrseite ist, dass man ohne Kontrollen den Unehrlichen dieser Welt schutzlos ausgeliefert ist. Auch Mitarbeiter haben das Bedürfnis, dass ihre Vorstellungen von Gerechtigkeit von anderen geteilt werden. Wer loyal zum Unternehmen steht und konsequent die Regeln einhält, wird sich für dumm verkauft fühlen, wenn er erlebt, dass sich Kollegen durchmogeln oder auf andere Weise gegen geltende Regeln verstoßen, ohne dass das Folgen hat. Mit Kontrollen wird also jenen Einhalt geboten, die gegen das Gebot der Fairness verstoßen und auf Kosten anderer handeln. Das ist umso wichtiger, weil fehlende Kontrolle geradezu einladen, sich immer ungenierter über Vereinbarungen hinwegzusetzen, und weil die Gefahr besteht, dass dies Schule macht und irgendwann zum Ruin des ganzen Systems führt.

Und das gilt eben nicht nur in der Frühzeit unserer Entwicklungsgeschichte, sondern betrifft auch Unternehmen der Jetztzeit.

Ein Bereichsleiter eines Großunternehmens sagte einmal: „Nach meiner Erfahrung sind zwanzig Prozent aller Menschen Lumpenhunde. Bei der Größe unserer Firma und der Anzahl der Mitarbeiter gehe ich davon aus, dass wir unseren fairen Anteil davon abbekommen haben."

Eine Gemeinschaft muss sich gegen die Unehrlichen wehren, sonst drohen Moralverfall, die Abkehr vom Reziprozitätsprinzip als Grundlage für Vertrauen und damit die Auflösung der Gemeinschaft.

Kontrollen erfüllen noch einen weiteren Zweck. Ebenso wie wir für unsere persönlichen Vertrauenskonten jederzeit Auskunft darüber geben können, wer bei uns welches Vertrauen genießt, möchte auch ein Unternehmen wissen, bei welchem Mitarbeiter der gegebene Vertrauensvorschuss gerechtfertigt ist. Wenn Sie beispielsweise einem Berufsanfänger eine Arbeit überantworten, dann wird sich der Freiraum, den Sie diesem Mitarbeiter einräumen, anfangs in sehr engen Grenzen abspielen. Um zu prüfen, ob das Zutrauen, das Sie in die Leistungsfähigkeit dieses Menschen setzen, wirklich gerechtfertigt ist, werden Sie vielleicht sehr engmaschig kontrollieren, wie der Mitarbeiter diese Aufgabe bewältigt. Erweist sich Ihre Einschätzung als angemessen, werden Sie Schritt für Schritt dem Mitarbeiter mehr Spielraum geben, also die Grenzen ausweiten. Der Vertrauensvorschuss, den Sie entgegenbringen, entspricht Ihren Erwartungen hinsichtlich des konkreten Ergebnisses bzw. der Ausführung dieser Arbeit.

Kontrollen sind also nicht nur unausweichlich, sie können auch sehr nützlich und sinnvoll sein. Eine Kultur des Vertrauens braucht Freiräume, um sich zu entfalten. Aber auch Freiräume, mögen sie noch so groß sein, sind durch Grenzen definiert. Und Kontrollen stellen eine Form der Begrenzung dar. Sie erleichtern sich und Ihrem Mitarbeiter die Zusammenarbeit, wenn Sie transparent machen, wie Sie sich um eine Balance zwischen Vertrauen und Kontrolle bemühen und wie sich dies in der Balance von Freiheit und Sicherheit widerspiegelt.

Daher stellt sich nun die Frage, wie man Kontrollen so gestalten kann, dass sie sich an das Erwachsenen-Ich der Mitarbeiter richten und sozusagen als eine vertrauensbildende Maßnahme wirken.

Dazu gehört:

A. Transparenz: Transparenz meint hier, dem Betroffenen vorab Inhalt, Ausmaß, Form und Dauer der Kontrolle zu vermitteln. Damit Kontrolle nicht als Willkür empfunden wird, muss vorab die Berechenbarkeit geklärt werden. Wichtig ist auch, im Vorfeld klar zu machen, was die Prüfkriterien sein werden. Sie würden sicher in Ihrer Schulzeit erstaunt geschaut haben, falls der Lehrer im Diktat nicht nur Schreibfehler, sondern auch Ausdrucksfehler angestrichen hätte. Gegebenenfalls kann man auch vorab darstellen, durch wen die Kontrolle erfolgen soll, beispielsweise, wenn externe Auditoren oder die Steuerprüfung ins Haus stehen. Das gibt allen Gelegenheit, sich vorzubereiten, sachlich wie persönlich. Idealerweise werden die Mitarbeiter sogar bei der Planung einbezogen. Damit wird aus dem Erwachsenen-Ich das Erwachsenen-Ich der Mitarbeiter angesprochen und ein negativer Beigeschmack vermieden.

B. Begründung: Erläutert man seinen Mitarbeitern, welchen Nutzen eine Kontrolle erfüllen soll, gibt man dem Vorgang damit in ihren Augen einen Sinn. Dazu gehört neben dem speziellen Sinn dieser konkreten Kontrolle immer auch der Zweck, die Ehrlichen und letztlich das Unternehmen zu schützen. Die daraus entstehende Klarheit vermittelt Sicherheit und damit Vertrauen.

Die Erläuterung des Sinns spricht ebenfalls das Erwachsenen-Ich an. Eine offene Diskussion über die Sinnfrage trägt ebenfalls zur Transparenz bei.

Zu der Begründung einer Kontrolle gehört auch zu prüfen, ob sie wirklich notwendig ist, und wenn ja, ob in diesem Umfang. Dabei sollte immer eine Risikoabwägung im Mittelpunkt stehen. Wer auf Kontrolle verzichtet, muss sich vorher Rechenschaft darüber ablegen, ob dies aus einem gewachsenen und belastbaren Vertrauen entspringt oder eher aus Nachlässigkeit oder gar Resignation, nach dem Motto: Man kann ja doch nichts machen.

Nehmen wir als Beispiel für Transparenz und Begründung einmal die folgende Kontrolle: Um Industriespionage zu verhindern, müssen in Zukunft die Mobiltelefone aller externen Besucher am Tor kontrolliert werden. Das kann man wie folgt ankündigen:

Sehr geehrte Damen und Herren,

hiermit wird Ihnen mitgeteilt, dass ab sofort alle Besucher Ihr Mobiltelefon am Werkstor vorzuzeigen haben. Fotohandys werden dann für die Dauer des Aufenthalts eingezogen oder abgeklebt. Bitte achten Sie auf Ihre Besucher! Wir danken für Ihre Mitwirkung.

Die Werksleitung

Sie können einmal für sich selbst überlegen, in welchem Ich-Zustand Sie sich damit angesprochen fühlen und wie Ihre Reaktion aussieht. Und wie groß ist wohl die Tendenz, bei einem ihm gut bekannten Besucher auf den Hinweis zu verzichten und ihn – mit Handy – am Werkschutz vorbeizuschleusen, sozusagen als besonders vertrauensvolle Behandlung?

Unter Beachtung der beiden Regeln für die Einführung von Kontrollen hört sich der Text möglicherweise so an:

Sehr geehrte Damen und Herren,

heute möchten wir Ihnen mitteilen, dass wir im nächsten Monat eine neue Kontrolle an unseren Werkstoren einführen werden. Diese Kontrolle betrifft die Handys von Besuchern. Dabei geht es um Folgendes: Wie Sie wissen, gilt bei uns ja die Regel, dass alle internen Einrichtungen und Informationen als Firmengeheimnis gelten. Damit schützen wir unser Knowhow vor der Konkurrenz. Fotografieren im Werksbereich bedarf daher einer speziellen Erlaubnis vorab.

Heute sind Fotohandys weit verbreitet. Damit kann man sehr leicht unbemerkt fotografieren. Wir möchten unseren Besuchern gern trauen können. Daher haben wir uns folgende Lösung überlegt: Jeder Besucher meldet sich am Tor an. Dabei wird er auch gefragt, ob er ein Handy bei sich trägt. Falls ja, hat er die Wahl. Er kann es für die Dauer seines

Besuchs ausschalten und beim Werkschutz hinterlegen. Oder wir bieten einen speziellen Aufkleber in auffälliger Farbe an, mit dem die Linse für die Zeit des Aufenthalts auf dem Gelände abgeklebt wird. Dieser Aufkleber lässt sich anschließend leicht entfernen. Bitte achten Sie darauf, dass Ihre Besucher sich an dieses Verfahren halten. Sollten Sie einen externen Besucher sehen, der ein Handy ohne Aufkleber bei sich trägt, sprechen Sie ihn bitte sofort freundlich darauf an und sorgen Sie dafür, dass er zum Werkschutz zurückgeht. Sollte das nicht möglich sein, beispielsweise weil das Ihren Zeitplan zu sehr betreffen würde, finden Sie sicher eine geeignete Alternativlösung, die den gleichen Zweck erfüllt.

Vielen Dank für Ihre aktive Mithilfe

Wolf-Dieter Sch., Werksleiter

Wie Sie das schon von den vorangegangenen Kapiteln kennen, wird der Text bei der Umarbeitung wesentlich länger. Wertschätzung kostet ihre Zeit. Gleichzeitig können Sie aber möglicherweise an sich selbst feststellen, wie anders dieser Text auf Sie wirkt.

Vertrauen und Kontrolle erscheinen nun als zwei Seiten derselben Medaille. Der Aufbau einer Vertrauenskultur bedarf der konsequenten Überprüfung. Wer sich dabei das Vertrauen der Mitarbeiter verdient, wird mit einem wachsenden Vertrauensvorschuss rechnen können.

Leider gibt es noch einen weiteren Punkt zu besprechen, von dem man eigentlich hoffen sollte, dass er kein Thema ist. Dabei geht es um den:

C. Schutz der Rechte der Person: Dazu gehört, dass persönliche Unterlagen und persönliche Bereiche nur mit Wissen und im Beisein des Betroffenen geprüft werden. Übergriffe wie z. B. Spindkontrolle, Überprüfen der Schreibtischschubladen in Abwesenheit u. Ä. werden als Eingriff in die Privatsphäre gewertet – und das zu Recht – und führen zu massivem Vertrauensverlust.

Eine kaufmännische Angestellte berichtete einmal:

> „Bei meiner ersten Arbeitsstelle war ich etwa ein Jahr beschäftigt, als ich von einer Kollegin erfuhr, dass mein Chef sich am Vortag, nachdem ich gegangen war, an meinen Arbeitsplatz gesetzt hatte, um dort meine gerade bearbeiteten Vorgänge zu überprüfen. Ich hatte gewiss nichts zu verbergen, und doch fühlte ich mich maßlos hintergangen. Das war auch einer der Gründe, mich zu verändern. Und obgleich dieser Vorfall schon über zehn Jahre zurückliegt, bin ich immer noch empört."

Das Problem bei dieser Art von Kontrollen ist die Haltung, die dahinter steht, nämlich eine Art Generalverdacht. In letzter Zeit wurden einige Fälle bekannt, die schon an *George Orwells* Roman „1984" erinnern und in denen Unternehmen ihre Mitarbeiter ohne deren Wissen per Videokamera überwacht oder ihre Privatkonten gesichtet haben.

Diese Art von falsch verstandener Kontrolle bedeutet eine Abhebung vom Vertrauenskonto in einer Höhe, die direkt in die „Vertrauensinsolvenz" führt. Damit ist jede Glaubwürdigkeit des Unternehmens und der handelnden Personen intern wie extern dahin.

Eine Ausnahme besteht dann, wenn der begründete Verdacht krimineller Handlungen besteht. In dem Fall kann die Rechtsabteilung klären, welche Schritte angemessen und rechtlich zulässig sind. Sollte sich der Verdacht dann allerdings als unbegründet erweisen, ist ein sofortiges nachträgliches Gespräch, in dem das Vorgehen und die Gründe dafür dargelegt werden, einschließlich einer Entschuldigung ein guter Weg, Vertrauensverluste zu vermeiden.

(3) Wie entsteht Glaubwürdigkeit des Unternehmens nach innen?

Vertrauen ist das Fundament, auf dem alle Beziehungen gründen. Diese Erkenntnis hat auch in den Ethikbroschüren der meisten Unternehmen ihren Niederschlag gefunden. Interessanterweise sind es dann aber gerade die dezidierten Versuche, Vertrauen zu erzeugen, indem man es vorschreiben oder einfordern will, die das Gegenteil bewirken.

„Wir kommunizieren offen und ehrlich und gehen vertrauensvoll miteinander um." So oder so ähnlich lauten gängige Leitbilder und

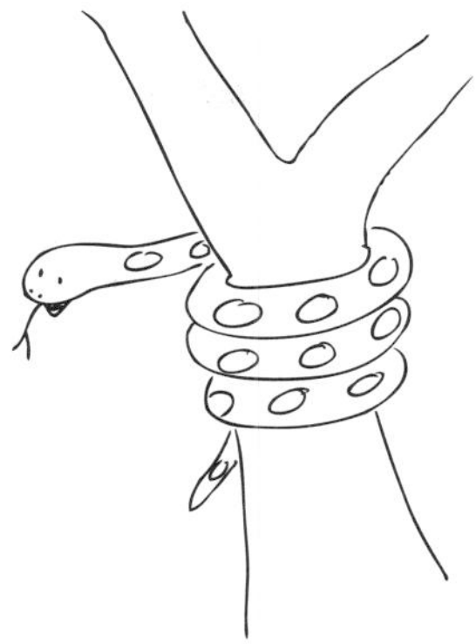

werden als zentrale Unternehmenswerte, als Corporate Values, groß auf die Fahnen geschrieben. Doch wozu wird eine Selbstverständlichkeit so betont? Die Umkehrung dieses Satzes wirkt geradezu verschroben: „Wir kommunizieren verdeckt und unehrlich und gehen misstrauisch miteinander um." Vielleicht schütteln Sie jetzt unwillig den Kopf und denken: „Das ist doch absurd." Wir stimmen Ihnen uneingeschränkt zu.

Wird etwas so Selbstverständliches hervorgehoben, ruft das eher Misstrauen hervor. Vielleicht erinnern Sie sich an die Schlange Kaa aus dem Trickfilm „Das Dschungelbuch" von Walt Disney, in dem die Python Mogli hypnotisiert und dabei singt: „Glaube mir!".

Schöne Reden nützen an dieser Stelle also nichts, sie schaden nur. Das Vertrauen der Mitarbeiter in ihr Unternehmen steht und fällt stattdessen mit dem Verhalten der Führungskräfte. Natürlich gibt es eine Reihe von Verhaltensweisen, die Vertrauen in den Vorgesetzten erzeugen. Wir wollen nur einige davon herausgreifen, die im Zusammenhang mit Unternehmensethik eine besondere Bedeutung besitzen:

A. Seien Sie eindeutig: Dazu gehört auch, dass Sie Ihren Mitarbeitern klar sagen, welches Verhalten in Bezug auf Unternehmensethik und Compliance Sie von ihnen erwarten. Wie man eine wirksame Handlungsanweisung formuliert, haben Sie ja in Kapitel 8 bereits kennengelernt.

B. Handeln Sie konsequent: Bei Verstößen müssen die Mitarbeiter nicht nur mit Konsequenzen rechnen, sondern sie müssen sicher sein, dass sie auch erfolgen. Wie bereits ausgeführt, wirkt sich nichts so nachteilig auf die Einhaltung von Regeln aus, als wenn man andere bei offensichtlichen Verstößen beobachtet und sieht, dass sie damit durchkommen.

Manchmal ist es gar nicht so leicht, die eigene Konsequenz sichtbar zu machen. Konsequenzen auf der Personalebene, begon-

nen beim Mitarbeitergespräch und der mündlichen Verwarnung über Abmahnungen bis zur Kündigung sind ja zu Recht keine öffentlichen Vorgänge, die man mit allen Mitarbeitern breit diskutiert. Dabei können Ihnen zwei Dinge helfen. Das eine sind die unternehmenseigenen „Buschtrommeln". Auch wenn Sie selbst über die gezogenen Konsequenzen völliges Stillschweigen bewahren, wird sich schnell herumsprechen, dass „der Herr H. gestern zum Chef gerufen wurde." Das andere besteht in der Möglichkeit, auch diesen Punkt klar auszusprechen, indem man bei Bekanntgabe von Regeln und Kontrollen gleich sagt, dass Verstöße geahndet werden, aber eben im vertraulichen Rahmen. Dann ist diese Tatsache jedem bewusst.

Manche Vorgesetzten scheuen vor Kontrollen zurück, beispielsweise weil sie die Sorge haben, das Klima in ihrer Abteilung zu verschlechtern. Dabei verwechseln viele Vertrauen und Vertrautheit und Nachsicht mit Nachgiebigkeit.

In dem nachfolgenden Coaching-Gespräch wird dieser innere Konflikt deutlich:

[...]

Klient: Mir ist gerade klar geworden, dass ich zwar weitgehend auf Kontrollen verzichte, aber eigentlich mehr aus Sorge, dadurch meine Mitarbeiter unnötig vor den Kopf zu stoßen.

Coach: Solange Sie die Gewissheit haben, dass das gegenseitige Vertrauen wirklich gerechtfertigt ist, macht es wirklich Sinn, die ganze Energie auf die Produktivität zu legen, anstatt Erbsen zu zählen.

Klient: Na ja, wenn ich ehrlich bin, gibt es schon einige, die nicht wirklich mitziehen. Am schlimmsten sind meine beiden grauen Eminenzen, die schleppe ich irgendwie mit. Es klingt verrückt, aber da gibt es wohl nur noch die biologische Lösung.

Coach: Sie klingen ziemlich resigniert, so als ob eine Veränderung nicht mehr möglich ist.

Klient: Was soll ich machen? Die sind schon über 60 und haben gewissermaßen Besitzstandsrechte. An denen hat sich schon mein Vorgänger die Zähne ausgebissen.

Coach: Ohne Zweifel ist das anstrengend, Mitarbeiter in ihre Schranken zu weisen. Und gleichzeitig ist das Ihre einzige Möglichkeit, in den Augen Ihrer Mitarbeiter wirklich glaubwürdig zu sein. Solange die nämlich erleben, dass ihr Chef darauf hofft, dass sich andere drum kümmern, werden sie Ihnen kaum wirklich vertrauen.

Klient: Das sind harte Worte. Aber es leuchtet mir ein, dass ich sonst einer doppelten Moral Tür und Tor öffne. Meinen Sie, ich kann jetzt noch Kontrollen einführen, ohne einen allzu großen Flurschaden anzurichten?

Coach: Ihre Blickrichtung ist im Moment stark negativ. Statt etwas zu vermeiden, können Sie sich auch fragen, welchem Nutzen die Kontrolle dient. Und wenn es Ihnen gelingt, diesen Nutzen transparent zu machen, dann kann der zu kontrollierende Mitarbeiter erkennen, dass er selbst von Ihrer Kontrolle profitiert und sei es, dass er sich Ihrer aufrichtigen Beurteilung gewiss ist.

Klient: Mhm – (*Denkt nach.*) Dann ist Kontrollieren eigentlich gar nichts Schlimmes. Ich hatte bislang immer gedacht, das ist so eine autoritäre Masche, um Mitarbeiter anzupassen und einzuschüchtern. Aber eigentlich trifft das Gegenteil zu. Wenn ich meinen Mitarbeitern wirklich vertrauen will, dann muss ich auch genau hinschauen, ob mein Vertrauen berechtigt ist. Und umgekehrt werden meine Mitarbeiter mir noch mehr vertrauen, wenn ich mich konsequent um die Einhaltung der Regeln kümmere.

An Ihren Schulerinnerungen lässt sich vielleicht am schnellsten verdeutlichen, was der Kernpunkt ist: Sie hatten vermutlich auch Lehrer, die wegen ihrer umgänglichen Art ausgesprochen angenehm waren. Und Sie hatten Lehrer, die vergleichsweise streng waren. Auf die Frage, welche Lehrer als unbedingt verlässlich erlebt wurden und damit einen Vertrauensbonus erhalten, sind es ausgerechnet die strengen Lehrer, denen eine hohe Glaubwürdigkeit zugesprochen wird.

Eine Kultur des Vertrauens entsteht nicht durch Verzicht auf Kontrolle und Sanktionen, sondern wächst mit der Berechenbarkeit und Zuverlässigkeit hinsichtlich zu erwartender Reaktionen. Sanktionen sind gewissermaßen die andere Seite der Glaubwürdigkeit.

Vielleicht erinnern Sie sich noch einmal in diesem Zusammenhang an die Kontrollen Ihrer strengen Lehrer. Der Spruch „hart, aber gerecht“ macht deutlich, dass die Konsequenzen zwar unangenehm waren, aber eben gerecht im Sinne von absehbar, weil angekündigt. Und umgekehrt mögen Sie sich jener Lehrer entsinnen, die auf Kontrollen gänzlich verzichtet haben und dabei auf breiter Front ausgenutzt, wenn nicht sogar hintergangen wurden. Wer erreichen möchte, dass andere einen ernst nehmen, muss sich zunächst selbst demonstrativ ernst nehmen. Mit anderen Worten: Sagen Sie, was Sie tun – und tun Sie, was Sie sagen.

C. Gewähren Sie Eigenverantwortung: In dem oben dargestellten Beispiel mit den Fotohandys ist es oft der letzte Satz, der zum Staunen anregt. Er lautete:

> Sollte das nicht möglich sein, beispielsweise weil das Ihren Zeitplan zu sehr betreffen würde, finden Sie sicher ein geeignete Alternativlösung, die den gleichen Zweck erfüllt.

„Wie bitte?!“, fragt sich dabei so mancher. „Erst erlasse ich eine Vorschrift, und dann hebele ich sie selbst aus?“ Dabei ist gerade das Gegenteil der Fall. Keine Regel der Welt wird alle Eventualitäten abdecken. Auf diese Weise verhindern Sie, dass die Mitarbeiter, vor ein solches Dilemma gestellt, die Regel einfach über Bord werfen. Hier geht es nämlich nicht um einen Konflikt über das Ziel (Schutz des Firmen-Knowhows), sondern lediglich um einen Konflikt über den Weg, auf dem das Ziel zu erreichen ist. Vorgeschrieben ist der Weg zum Werkschutz. Ist das zu umständlich, wird der Mitarbeiter möglicherweise denken: „So eine schwachsinnige Regel. Der Herr K. ist ja wirklich vertrauenswürdig. Der wird schon nichts machen.“ So aber haben Sie ihm die Verantwortung für die Erreichung des Ziels übertragen. Den Weg dazu kann er selbst wählen.

D. Erinnern Sie regelmäßig an die ethischen Grundlagen: Damit ist jetzt keine Predigt gemeint. Es hilft stattdessen, immer mal wieder zu erläutern, auf welchen Grundlagen beispielsweise eine Entscheidung beruht. Das kann sich im Einzelfall so anhören:

> „Im Rahmen des neuen Projektes haben wir das Ziel, die Kosten für Rohstoffe im Schnitt um zehn Prozent zu senken. Wir werden noch im Detail auflisten, was wir bei den einzelnen Lieferanten als möglich annehmen. Dabei wird allerdings darauf geachtet, dass jeder nach seinen Möglichkeiten behandelt wird. Zehn Prozent für einen Großkonzern sind etwas anderes als zehn Prozent für eine kleine Spezialfirma für Laborbedarf. Damit folgen wir unserem Grundsatz der vertrauensvollen, langfristigen Zusammenarbeit zum gegenseitigen Nutzen."

Das klingt vielleicht noch ein wenig steif, aber Sie haben es ja in der Hand, wie Sie selbst das darstellen möchten.

E. Investieren Sie in Unternehmensethik: Die wirklichen Prioritäten eines Unternehmens zeigen sich oft daran, worin Geld investiert wird. Das ist den Mitarbeitern durchaus vertraut. Lässt sich das Unternehmen also die eigenen Werte tatsächlich etwas kosten, erhöht das die Glaubwürdigkeit.

F. Halten Sie sich selbst an die Regeln: Das ist mit Sicherheit der am schwersten einzusehende Punkt. Der Vorgesetzte muss für Vertrauen einen Preis bezahlen, nämlich den, sich selbst auch den eigenen Regeln zu unterwerfen. Oft halten uns Vorgesetzte dazu das bereits zitierte „Es muss doch auch Unterschiede geben!" entgegen. Dagegen ist nicht einmal etwas zu sagen. Wichtig ist allerdings, dass diese Unterschiede Teil der Regel *und* – das ist entscheidend – Teil ihres Sinns sind. Sonst entsteht bei den Mitarbeitern der Eindruck, es werde mit zweierlei Maß gemessen und sie würden bei etwas kontrolliert, das dem Chef einfach zugebilligt wird. Wenn die Regel gilt „Alle Mitarbeiter fliegen innerhalb von Europa Economy", dann ist nur der Vorgesetzte glaubwürdig und damit vertrauenswürdig in den Augen der Mitarbeiter, der dann nicht nach dem gemeinsamen Warten am Flughafen doch in der Business Class verschwindet mit dem locker hingeworfenen „Wir sehen uns dann nachher!" Lautet die Regel allerdings: „Alle Mitarbeiter fliegen innerhalb von Europa Economy. Eine Ausnahme besteht für Vorgesetzte der Stufen 3 und

höher, da sie beruflich oft im Flugzeug unterwegs sind und sich so während der Flüge erholen können. Falls Sie ebenfalls viel beruflich fliegen, sprechen Sie Ihren Vorgesetzten wegen einer Sonderregelung an.“ Hier ist die Ausnahme festgeschrieben – jeder weiß also, woran er ist – und zwar mit einer Begründung. Übrigens erwartet niemand, dass alle Mitarbeiter eines Unternehmens über einen Kamm geschoren werden. Genauso wie allgemein akzeptiert ist, dass ein Vorstand ein höheres Gehalt hat, sind auch andere Sonderregelungen problemlos vermittelbar. Schwierig wird es natürlich, wenn man sich eine Ausnahme genehmigen möchte, die sich nicht wirklich sinnvoll begründen lässt. Dann gehört es vielleicht zur Integrität auch eines Unternehmenslenkers, auf dieses Privileg zu verzichten.

10. Integrität im Geschäftsleben

„Dies über alles: Sei dir selber treu und du kannst nicht falsch sein gegen irgendwen!“

Shakespeare

Eines der meistgebrauchten Wörter in Ethikbroschüren von Unternehmen ist der Begriff Integrität. Er befasst sich mit einer Kerneigenschaft, die eine Person mitbringen muss, die moralisch einwandfrei handelt – so zumindest die stillschweigende Annahme. Dabei wird der Integritätsbegriff für so unproblematisch und selbstverständlich gehalten, dass es auf den ersten Blick vollkommen überflüssig scheinen mag, sich damit auseinanderzusetzen.

Doch ehe wir ins Detail gehen, mögen Sie sich erst einmal vergegenwärtigen, wann Sie jemandem zuschreiben integer zu handeln. Wenn Sie sich kurz Rechenschaft ablegen, wie Sie diesen Begriff normalerweise verwenden, werden Sie vermutlich unsere Ausführungen mit ganz anderen Augen lesen. Falls es Ihnen leichter fällt ex negativo vorzugehen, notieren Sie stichwortartig, wodurch Sie jemandem mangelnde Integrität zusprechen.

Zugegeben, ein schwieriges Unterfangen, bei dem wir zumeist verlegen feststellen, dass uns wie so oft bei existentiellen Fragen die rechten Worte fehlen. Der Modebegriff Integrität soll vielleicht unsere Sprachlosigkeit überdecken. Wobei wir in die nächste Sprachlosigkeit rutschen, wenn wir jemanden bitten, Integrität zu definieren. Doch trotz des verwirrenden Sprachgebrauchs legen wir alle großen Wert darauf, für integer gehalten zu werden. Der Vorwurf mangelnder Integrität wirkt geradezu vernichtend, und es ist verständlich, betroffen zu reagieren, wenn die eigene Integrität in Zweifel gezogen wird.

Verwandte Begriffe sind Loyalität, Glaubwürdigkeit, Unbescholtenheit oder Unbestechlichkeit. Das sind Wortbedeutungen, die kaum noch zu unserem Alltagsvokabular gehören. Besonders deutlich wird dies in der Übersetzung des lateinischen „integritas“: „Lauterkeit, Redlichkeit, Unversehrtheit, Echtheit“. Auch wenn der Begriff Integrität zeitgemäßer klingt, wenden wir uns in diesem letzten Kapitel ganz altmodisch klingenden Fragen zu:

- Worin zeigt sich Redlichkeit und lauteres Bemühen?
- Wann halten wir jemanden für unbestechlich und rechtschaffen, so dass wir ihm vertrauen und an seine Integrität glauben?
- Was bedeutet es, Integrität zu besitzen? Und was ist es uns wert, für integer gehalten zu werden?

Wenn wir im Alltag einen Mensch für integer halten, dann denken wir, er sei unbestechlich, habe feste Werte, zu denen er steht und von denen er sich nicht abbringen lässt. Wir schreiben damit einem anderen eine Charaktereigenschaft zu, die ausdrückt, dass sich jemand selbst treu bleibt.

Dabei müssen wir uns klar machen, dass Integrität ein Attribut ist, das uns von anderen verliehen wird, das wir uns also nicht selbst zusprechen können. Genauso geht es uns ja auch mit anderen Zuschreibungen, wenn man uns beispielsweise für glaubwürdig, zuverlässig, authentisch oder anständig hält.

Auch wenn uns andere diese Attribute zu- bzw. aberkennen, so ist doch jeder Mensch für seine Integrität selbst verantwortlich. Was

heißen soll, dass wir in permanenter Rechenschaft stehen, wie sich unsere innere Haltung im beobachtbaren Handeln widerspiegelt. Das erfordert allerdings, sich selbst zu kennen, um sich selbst treu zu sein.

Dabei erweist sich Selbsttreue als Übereinstimmung von tatsächlich gelebtem Handeln und dem eigenen Selbstbild. Und dieses Selbstbild ist – wie wir im zweiten Kapitel ausgeführt hatten – wesentlich durch unsere ethisch-moralischen Überzeugungen geprägt. Das klingt einfach, und gleichzeitig machen wir Tag für Tag die Erfahrung, wie schwer es ist, sich selbst treu zu bleiben und nicht die eigenen Vorsätze der Tagesverfassung oder sogenannten Sachzwängen anheimzustellen.

Um zu verstehen, warum man manche Menschen für integer hält, während anderen die Integrität abgesprochen wird, wollen wir im Folgenden herausarbeiten, welche Handlungen integritätsförderlich bzw. -hinderlich sind.

Die neuere Hirnforschung hilft uns dabei die Evolutionsmechanismen für Kooperativität und soziales Engagement zu verstehen. Unser innerer Maßstab, das Gefühl für gut und böse und für gerecht bzw. ungerecht prägt sich bereits während unserer Kindheit aus. Das moralische Bewusstsein eines Kindes ist zunächst die Summe aller akzeptierten Gebote. Dabei befolgt das Kind die Regeln und Gebote gemäß dem Respekt, den es dem Gebotsgeber jeweils entgegenbringt. Beispielsweise werden die Forderungen älterer Geschwister eher übertreten als die der Eltern, und in traditionsverhafteten Familien lässt sich auch in unserer Zeit beobachten, dass Kinder die Gebote des Vaters stärker respektieren als die der Mutter. Im Laufe der Entwicklung entstehen Brüche, weil Kinder erleben, dass Gebote und Regeln nicht einheitlich gelten. Sie sollen zum Beispiel nicht ihre kleinen Geschwister schlagen, erhalten aber selbst Ohrfeigen. Oder ihnen wird beigebracht, dass Ehrlichkeit gut ist, und doch müssen sie erleben, dass dies in manchen Si-

tuationen Nachteile bringt. Darüber hinaus können sie beobachten, dass sich ihre Eltern selbst nicht immer daran halten.

Ob moralisches Verhalten angeboren ist, ist eine zum Teil heftig diskutierte Frage. Neueste Ergebnisse psychologischer Versuche an Kindern zeigen zumindest, dass das altruistische Verhalten im Sinne der Reziprozitätsregel zu dem Menschen mitgegebenen Verhaltensrepertoire gehört. Im Laufe der Zeit entwickeln Kinder außerdem durch Beobachtung der Welt um sie herum und durch die Erklärungen ihrer Bezugspersonen ihr eigenes Wertesystem. Leider wird diese Richtschnur des Handelns nur allzu leicht korrumpiert, wenn Eltern vorschreiben, was als richtig und als gut zu gelten hat, dabei aber nur den eigenen Nutzen oder – nach dem Motto: „Sei egoistisch! Sonst kommst Du zu nichts!" – bestimmte Lebensentwürfe im Sinn haben. Da in vielen Familien Zuwendung nur unter der Bedingung von Leistung erfolgt – und Gehorsam sowie das Befolgen von Regeln und Geboten gehören dazu – versuchen Kinder sich entsprechend zu fügen und stellen ihre eigenen Bedürfnisse zurück bzw. verändern ihre Werte zugunsten derer ihrer Eltern. Die dabei entstehende Selbstentfremdung nennt *Horst Eberhard Richter* „Enteignung des Gewissens". Wenn innere Überzeugungen verleugnet werden, entsteht eine Autoritätshörigkeit, die auf Konformität mit den herrschenden Erwartungen hinausläuft, während gleichzeitig Eigenverantwortung und Eigenständigkeit aufgegeben werden. Das bringt zunächst einmal für alle Beteiligten Vorteile: Kinder, die sich angepasst verhalten, werden umgangssprachlich als „pflegeleicht" bezeichnet, wobei fehlende Auseinandersetzungen und Konflikte das Familienleben harmonisch erscheinen lassen. Auch erhalten Kinder, die sich erwartungskonform verhalten, Anerkennung und andere Formen positiver Zuwendung.

Diese prägenden Erfahrungen beschränken sich nicht auf die Kindheit. In der weiteren Entwicklung übernehmen dann Lehrer und später Vorgesetzte diese Elternrolle und arbeiten in aller Regel mit dem gleichen Belohnungsmuster. Ihnen kommt es entgegen, wenn ihre Autorität mit konformem Verhalten beantwortet wird.

Die Preisgabe der selbstbestimmten Verantwortung und Autonomie wirkt zunächst nicht sonderlich belastend. Wenn wir betonen „zunächst", dann wollen wir darauf hinweisen, dass die Selbstentfremdung zu einem späteren Zeitpunkt geradezu dramatische Folgen zeigt, wobei Depressionen und Burnout noch die sichtbarste Form innerer Leere darstellen.

Statt die Erwartungen anderer zu erfüllen, orientiert sich ein selbsttreuer Mensch an seinem eigenen Gewissen. Dabei steht das aktuelle Handeln im Einklang mit inneren Überzeugungen. So jemanden halten wir dann für glaubwürdig und authentisch. *Viktor Frankl* hat dabei auf einen wichtigen Zusammenhang hingewiesen: „Ich handle nicht nur gemäß dem, was ich bin, sondern ich werde auch, wie ich handle". Diese Rückwirkung des Handels auf die inneren Überzeugungen mag erklären, warum Menschen trotz „bester Voraussetzungen" im Laufe der Jahre korrupt oder gewalttätig werden. Man mag im Kleinen über fehlende Redlichkeit hinwegsehen, über kurz oder lang entsteht im Großen ein grundsätzliches Fehlen von Ehrlichkeit. Ganz gleich, ob wir integer oder unaufrichtig handeln, wir zeigen stets, von welchen Werten wir uns angezogen fühlen und auf welche Art und Weise wir diese verwirklichen.

Wir möchten drei Aspekte betrachten, die dem gewissermaßen als latentes Defizit entgegenstehen:

- Konfliktscheu
- Selbsttäuschung
- Willensschwäche

Wieweit steht Konfliktscheu der Integrität entgegen?

Aufgrund frühkindlicher Erfahrungen lernen die meisten Menschen wie gesagt, dass abweichendes Verhalten unerwünscht ist. Das Beharren auf einem konträren Standpunkt wird nicht nur in der aktuellen Situation als belastend erlebt, sondern erfordert auch, mit entsprechenden Sanktionen zurechtzukommen. Konfliktscheu ist also vor allem eine Vermeidungsstrategie, um unangenehmen Konsequenzen aus dem Weg zu gehen.

Zu welchen inneren Kämpfen das führen kann, verdeutlicht der folgende Ausschnitt aus einem Coaching-Gespräch:

[...]

Klient: Wenn ich dieses Projekt geräuschlos durchziehe, dann müsste eigentlich eine Beförderung drin sein. Das ist für mich eine echte Chance.

Coach: Damit geht dann ein lang gehegter Traum in Erfüllung.

Klient: Eigentlich ja. Und wie man das im Detail ausführt, ist mir klar.

Coach: Und doch lässt Sie etwas zögern. Sie sagten gerade „eigentlich".

Klient: Na ja, wenn ich an die Konsequenzen denke, die das für unsere kleineren Zulieferer hat, dann kommen mir schon Bedenken. Also, auf alle Lieferungen in Zukunft einen Abschlag von 10 % zu verkraften, das packen nur die Großen.

Coach: Und Sie möchten nicht zum Totengräber werden.

Klient: Sie drücken das ganz schön drastisch aus – obwohl – eigentlich stimmt es. Bei einigen haben wir eine echte Monopolstellung, die können gar nicht anders, als unsere Bedingungen zu akzeptieren.

Coach: Also: Friss, Vogel, oder stirb!

Klient: Glauben Sie vielleicht, dass mir das Spaß bringt, denen das Messer an die Kehle zu setzen. Im Grunde genommen tun die mir leid. Aber, was soll ich denn machen? Wenn ich zu meinem Chef gehe und ihm meine Bedenken auftische, dann hält der mich doch für ein Weichei, und ich bin für immer unten durch.

Coach: Das ist durchaus eine mögliche Reaktion. Sie malen sich gerade aus, mit welchem Preis sie rechnen müssen, wenn Sie Einspruch gegen diesen Plan erheben. Und welchen Preis werden Sie zahlen müssen, wenn Sie das Projekt erwartungsgemäß durchziehen?

Klient: Da zahle ich gar nichts, im Gegenteil, das hätte direkt Auswirkungen auf meinen Bonus. Oder wie meinen Sie das?

Coach: Nun, Sie sagten gerade, dass Ihnen die Lieferanten leid tun und Ihnen dieser Auftrag ganz und gar keinen Spaß bringt.

Klient: Ach so. (*Denkt nach.*) Es wäre mir verdammt peinlich, mit denen direkt zu verhandeln. Also, so von Angesicht zu Angesicht fände ich echt schwierig.

Coach: Denen dann ins Auge zu blicken, würde Ihnen verflixt schwer fallen.

Klient: Ja. Das klingt jetzt wahrscheinlich blöd, aber da würde ich ja als ganzer Mensch sitzen, während ich mit einem Schreiben hinter dem Auftrag verschwinde, also nur eine Rolle ausfülle.

Coach: Das ist alles andere als blöd, sondern trifft den Kern, nämlich Ihren Kern. Wie geht es Ihnen dann daheim, wenn Sie Ihre Arbeit abgeschlossen haben, wie viel davon bestimmt noch Ihr Denken und Handeln?

Klient: Sie meinen so vom Moralischen? Ob ich mir selbst noch in die Augen schauen kann?

Coach: Zum Beispiel. Und auch wie Sie in den Augen Ihrer Frau und Ihrer Kinder dastehen, wenn Sie über diesen Auftrag berichten.

Klient: (*wird sichtbar rot*) Das würde ich natürlich hübsch bleiben lassen, dafür hätten die niemals Verständnis.

Coach: Oha! Ich stelle mir das sehr schmerzlich vor: Einerseits wünschen Sie sich verstanden und respektiert zu werden, andererseits fühlen Sie sich verpflichtet etwas zu tun, wofür Sie vom moralischen Standpunkt her kein Verständnis erwarten dürfen.

Klient: Das ist ja die Zwickmühle. Ich habe das Gefühl, ich muss mich im Beruf total verbiegen und werde Stück für Stück ein anderer.

Coach: Sie haben das Gefühl, sich zu verraten.

Klient: Da ist was dran. Aber kann man sich heutzutage noch treu bleiben?

Coach: Die Frage lautet: Wie wichtig ist es für Sie als integer zu gelten. Welchen Stellenwert geben Sie dabei Ihrer Frau, Ihren Kindern, Freunden, Kollegen und auch Ihrem Vorgesetzen?

[...]

Um einen Konflikt beharrlich durchzustehen, bedarf es eines entschiedenen Nein, das erkennen lässt, auf welchen inneren Grundüberzeugungen die Ablehnung ruht. Im Englischen hat sich „intelligent disobedience“ als Ausdruck für klugen Ungehorsam durchgesetzt (in Anlehnung an den zivilen Ungehorsam bei *Henry David Thoreau*), um deutlich zu machen, dass dem Ungehorsam ein Gewissenskonflikt zugrunde liegt.

Damit das Nein-Sagen nicht als destruktive Verweigerung aufgefasst werden kann, gelten folgende Kriterien. Wer Nein sagt:

- Handelt nicht zum eigenen Nutzen, sondern zeigt auf, dass seinem Nein **Besorgnis** zugrunde liegt. Beispielsweise Sorge hinsichtlich der Konsequenzen, die mit einer Entscheidung einhergehen.
- Deckt **Widersprüche** zwischen konkurrierenden Zielen auf und fordert dazu auf, Konsistenz herzustellen. Beispielsweise die Unvereinbarkeit von Unternehmensvision und einzelnen operativen Zielen.
- Erklärt seinen **Wertmaßstab** und macht damit transparent, auf welcher Basis Übereinstimmung erzielt werden kann. Beispielsweise lässt sich Gerechtigkeitsempfinden hinterfragen und mit übergeordneten Zielen in Einklang bringen.
- Macht deutlich, dass er bereit ist, mögliche Sanktionen in Kauf zu nehmen. Wer beispielsweise offen eine denkbare Bedrohung anspricht, zeigt, dass er sich der **Konsequenzen** bewusst ist.
- Zeigt Mut, auch dann seine **inneren Überzeugungen** zu vertreten, wenn diese im Widerspruch zur Sichtweise anderer (der Kollegen oder Vorgesetzten) stehen.

Ein so ausformuliertes Nein wird allgemein mit dem Attribut Zivilcourage versehen. Ob einem Menschen zuerkannt wird, aus einer integren Haltung zu handeln, hängt wesentlich davon ab, für wie selbstlos und glaubwürdig jemand gehalten wird. Dabei wird ein konfliktstarker Mensch unaufgefordert und konstruktiv Alternativen vorschlagen, die dem übergeordneten Ziel Rechnung tragen und dadurch glaubwürdig vertreten, sich nicht von Lockungen oder Drohungen leiten zu lassen.

Wieweit steht Selbsttäuschung der Integrität entgegen?

Aus dem verständlichen Bedürfnis nach einer guten Meinung von sich selbst ist man leicht bereit, die Realität ein wenig geradezubiegen. Dabei liegen Selbsttäuschung und Lüge zwar nahe beieinander, sind jedoch nicht deckungsgleich. Während man bei einer Lüge den anderen belügt, zielt die Selbsttäuschung auf einen selbst.

Hierhin gehört auch der „blinde Fleck“, der physiologisch eine Lücke in unserem Sehfeld bezeichnet und psychologisch im übertragenen Sinne für die Unfähigkeit verwendet wird, etwas bewusst so zu akzeptieren, wie es wirklich ist. Diese sogenannten blinden Flecken haben auch eine Schutzfunktion, denn nicht immer können wir schmerzhafte Erfahrungen ertragen, und so werden diese gefiltert und nur selektiv ins Bewusstsein aufgenommen. Meistens handelt es sich um Tatsachen, die so schmerzlich und inakzeptabel für unser Selbstbild und unsere Selbstachtung sind, dass sie verleugnet und verdrängt werden müssen. Wir schützen uns mit selektiver Wahrnehmung vor unseren Ängsten und lassen nur das in unser Bewusstsein, was für uns erträglich ist.

Denken Sie an das berühmte Blackout, auf das sich Politiker zurückziehen, wenn sie mit Fakten konfrontiert werden, für die sie die Verantwortung tragen.

Ein vergleichbares Verhalten lässt sich bei den meisten Affären der letzten Jahre beobachten, wenn die Verantwortlichen im Brustton der Überzeugung jedes Wissen und jede Beteiligung weit von sich weisen, bis die Beweise erdrückend werden. Aus psychologischer Sicht stellt diese Art der Selbsttäuschung kein billiges Leugnen von Verantwortung dar, sondern dient dem verständlichen Bemühen, sich selbst vor einer möglichen Schuld freizusprechen, um so Konflikten aus dem Weg zu gehen. Tatsachen wegzureden, um sich ein gutes Gewissen zu verschaffen, hinterlässt allerdings einen Flurschaden, dessen Tragweite in der Regel gar nicht erfasst wird: Der Verdacht fehlender Integrität kommt einem kompletten Vertrauensverlust gleich und zwingt früher oder später zum Rücktritt. Bezeichnenderweise erfolgt die Rücktrittsforderung nicht aufgrund der aufgedeckten Tatsachen, sondern aufgrund des Umgangs mit diesen Fakten.

Sie mögen nun fragen, wie denn der Selbsttäuschung beizukommen sei. Denn wenn es sich um einen Selbstschutzmechanismus handelt, funktioniert dieser ja ohne unser aktives Zutun und lässt sich kaum bewusst regulieren.

Weil wir uns selbst nur zu leicht im Kreise drehen und uns der blinde Fleck daran hindert, unsere eher schwierigen Seiten zu betrachten, ist die gemeinsame Reflexion mit einem Außenstehenden, dem wir vertrauen, hilfreich. Aber auch ohne die direkte Unterstützung durch einen anderen, der uns zu einer Außensicht auf unser Tun und Lassen verhilft, gibt es einen Weg, der Gefahr einer Selbsttäuschung offensiv zu begegnen: Es geht dabei um unsere Achtsamkeit im Umgang mit unseren Zweifeln. Konkret erfordert dies eine geradezu demütige Haltung gegenüber jenen belastenden Empfindungen wie Gewissensbissen, Skrupeln, Schuldgefühlen und innerem Zwiespalt, die wir nur zu gern beiseite schieben. Die Formulierung „demütige Haltung“ meint die Einsicht in die Notwendigkeit dieser Gefühle und die Bereitschaft, sie als gegeben zu akzeptieren und sich mit ihnen auseinanderzusetzen.

Achtsamkeit ist das Beachten all dessen, was in einer Situation geschieht und was gleichzeitig in uns dabei vorgeht. Durch Achtsamkeit gegenüber unseren unangenehmen Gefühlen können wir das wiedergewinnen, was während unserer Erziehung zunehmend verloren gegangen ist, nämlich die bewusste Integration von Denken und Fühlen. Lange Zeit wurde das rationale Denken völlig überbewertet. Bei Entscheidungsprozessen spielen jedoch die Gefühle die eigentliche Rolle, wie der Gehirnforscher *Gerhard Roth* betont.

Achtsamkeit erfordert, in sich hineinzuhören und zu fragen:

- Was sagt mir gerade meine innere Stimme?
- Welche Empfindung löst das jetzt in mir aus?
- Wonach sehne ich mich gerade?

Wer seine Bedenken beachtet, wird Unstimmigkeiten und Brüche entdecken und bemerken, dass diese nicht dadurch stimmig werden, dass die Fakten beschönigend zurechtgerückt werden.

Wer im aufmerksamen Umgang mit Zweifeln noch ungeübt ist, mag sich an folgende „Arbeitsreihenfolge“ halten:

(1) Vergegenwärtigen des Ziels (Arbeits- bzw. Handlungsauftrag).

(2) Bildliches Vorstellen der Zielerreichung, um die Handlungsenergie zu aktivieren und zu bündeln.

(3) Innehalten und nach Zweifeln Ausschau halten und sich bewusst fragen:
  - Was lässt mich zögern?
  - Was spricht gegen die Zielerreichung?
  - Was passiert, wenn ich scheitere?
  - Mit welchen Konsequenzen muss ich rechnen bei Erfolg, aber auch bei Misserfolg?
  - Wie sehen andere (Kollegen, aber auch Partner) mein Handeln?
  - Wie werde ich später (in 5 Jahren) über mich denken?
  - Wieweit deckt sich mein geplantes Handeln mit dem, wie ich sein möchte und meiner inneren Überzeugung?

- Inwieweit trägt mein Handeln dazu bei, als integer angesehen zu werden.

Sich dezidiert seinen Zweifeln zu widmen, ist gewiss kein Unterfangen für Zwischendrin. Eine gewissenhafte Auseinandersetzung mit diesen Empfindungen erspart aber die sehr viel unangenehmeren Konsequenzen, die sich allein schon aus dem Verdacht auf fehlende Integrität ergeben.

Wieweit steht Willensschwäche der Integrität entgegen?

Auf *Novalis* geht das Zitat zurück: „Wenn man erst will, dann kann man auch." Es gibt immer einen Grund, etwas nicht zu tun. Das kann aufgrund einer bewussten Entscheidung aufgrund von Abwägungen geschehen. Oder es wird ein „guter Grund" gefunden. Meist bleibt dabei der wahre Grund ungenannt: Mangelnder Wille bzw. mangelnde Lust. Allerdings führt dies geradewegs zum vorangegangenen Abschnitt zurück, denn jemand, der zwar meint, zu wollen, aber nicht das tut, was er für das Beste hält, hat sich eigentlich in sich selbst getäuscht.

So radikal es klingen mag: Alles, was wir bis zu dieser Stelle ausgeführt haben, ist hinfällig, wenn der Wille fehlt, es anzuwenden. Doch fehlender Wille ist nicht nur ein Hemmnis bei der Umsetzung ethischer Richtlinien, schlimmer noch wiegt die Gefahr, deswegen für unredlich gehalten zu werden.

Schon bei *Aristoteles* finden wir die Unterscheidung zwischen einem Wissen, das man hat, ohne es zu gebrauchen, und einem Wissen, das man wirksam werden lässt. Auf *Aristoteles* geht der Begriff der Akrasia zurück (ακρασία = Willensschwäche, Unbeherrschtheit, Handeln wider besseres Wissen). Er bezeichnet den Willensschwachen auch als den Unbeherrschten, der weiß, dass sein Handeln verwerflich ist, und der trotzdem so handelt.

Doch fragen wir zunächst einmal nach den Gründen, die dazu führen, dass Menschen in bestimmten Situationen willensschwach handeln und dadurch ihre Integrität gefährden.

Psychologische Gründe: Mangelndes Selbstbewusstsein kann dazu führen, sich die Verwirklichung eines Ziels nicht zuzutrauen. Diese Selbstunterschätzung beruht auf einem Misstrauen sich selbst gegenüber, was sich direkt darauf auswirkt, wie andere einem vertrauen. Zum Beispiel schließt man sich der Meinung eines anderen an, obgleich sie der eigenen Überzeugung widerspricht, um die eigene Autorität nicht zu gefährden. Sobald jedoch der andere bemerkt, dass die Zustimmung auf keiner eigenen Überzeugung fußt, mag er sich zwar über die konfliktfreie Übereinstimmung freuen, doch wird er einen kaum für integer halten.

Soziale Gründe: Um die Gruppenzugehörigkeit nicht zu gefährden, passt man sich an und führt Handlungen aus, die nicht aus Überzeugung entstanden sind. Spätestens wenn die Gruppe im weiteren Verlauf auf Schwierigkeiten stößt, kommt die Nagelprobe, nämlich loyal zu der halbherzig getroffenen Entscheidung zu stehen und für eine engagierte Umsetzung zu sorgen. Wer jetzt von seinem Entschluss abrückt und bekennt, schon von Anfang an skeptisch gewesen zu sein, riskiert berechtigte Zweifel an seiner Integrität.

Emotionale Gründe: Um unangenehme Empfindungen zu vermeiden, wird die Ausführung bestimmter Handlungen gehemmt. So führt beispielsweise eine enttäuschende Erfahrung nicht selten dazu, keinen weiteren Versuch zu unternehmen. Auch wenn die jeweiligen Erfahrungen bitter sein mögen, lösen sie doch kein Verständnis bei Kollegen oder Vorgesetzten aus, die einfach erwarten, dass die Handlungen ausgeführt werden. Wer dennoch zögert, setzt sich dem Vorwurf mangelnder Loyalität aus, was ja nicht gerade für integer gehalten wird.

Persönlichkeitsbezogene Gründe: In der neueren Motivationsforschung wird von zwei gegensätzlichen Grundhaltungen ausgegangen. Nach Auffassung von *Julius Kuhl* erdulden lageorientierte Menschen aus einer Art Opferhaltung heraus alltägliche Anforderungen, während handlungsorientierte Menschen diesen Aufgaben eher gestaltend begegnen. Es konnte nachgewiesen werden, dass Lageorientierung den Willen schwächt, während Handlungsorientierung den Willen, die Absicht auch auszuführen, stärkt. Folgendes Beispiel kann die unterschiedliche Haltung verdeutlichen: Handlungsorientierte Menschen fragen sich, was sie gern essen möchten. Darauf schauen sie nach, was sie zur Verfügung haben und besorgen das, was fehlt. Sie gestalten bewusst ihr Leben. Lageorientierte Menschen überlegen sich ebenfalls, was sie gern essen möchten (zum Beispiel Salami), schauen nach, was sie zur Verfügung haben und entscheiden sich dann für etwas davon (zum Beispiel für Dosenfisch).

Vielleicht sind Sie jetzt verwirrt und fragen, was sich denn machen lässt, wenn fehlender Wille so unterschiedlich begründbar ist. Wir hatten eingangs ausgeführt, dass wir uns kennen müssen, wenn wir uns treu sein wollen. Dazu gehört eben auch, sich einzugestehen, dass wir manchmal entgegen unserem Wissen handeln. Doch statt sich mit einem trotzig klingenden „Ich will eben nicht!“ zu begnügen, gehen wir einen Schritt weiter und fragen, was das Nicht-Wollen beeinflusst haben mag.

Nicht das offene Nein oder klar erklärte Nicht-Wollen gefährdet die Integrität, sondern das schwache Ja, dessen Umsetzung auf der Strecke bleibt und allenthalben Enttäuschung auslöst.

Nach diesen Ausführungen mögen Sie zu Recht wissen wollen, wie sich Integrität im Unternehmen umsetzen lässt.

All das zu unterlassen, was nicht als integer angesehen wird, versteht sich von selbst, doch ist das leichter gefordert als umgesetzt. Gut im Ohr ist uns noch die Reaktion eines Seminarteilnehmers, der sich ereiferte:

> „Das ist ja alles schön und gut. Aber wenn ich von meinen Mitarbeitern nicht mehr erwarten darf, dass sie sich konform verhalten, dann kann ich gleich einpacken. Wozu haben wir denn unsere Unternehmenswerte und -ziele, wenn ich deren Umsetzung nicht mehr einfordern darf?

Natürlich muss sich jeder Mitarbeiter mit den Erwartungen, die an ihn gestellt werden, konstruktiv auseinandersetzen. Der wesentliche Punkt ergibt sich aus der Frage, in welchem Ich-Zustand sich der Mitarbeiter angesprochen fühlt.

Darum ging es in den vorangegangenen Kapiteln ausführlich um die angemessene Formulierung von Zielen und Regeln, damit die Betroffenen im Erwachsenen-Ich angesprochen werden. Somit stärkt die transparente Vermittlung von Unternehmenswerten die Integrität derer, die diese Werte vertreten.

> Es gibt ein wesentliches Gestaltungsprinzip für eine Unternehmenskultur, die sich um Integrität bemüht:
> Die Mitarbeiter explizit aufzufordern, die Unternehmenswerte, Visionen, Strategien, Ziele und Regeln dahingehend zu prüfen, wo und inwieweit diese nicht mit ihren inneren Überzeugungen zur Deckung zu bringen sind.

Statt jedoch Unterordnung zu fordern, die nur zu einer opportunistischen Konformität und Stromlinienförmigkeit führt, findet eine echte Auseinandersetzung statt. Dabei muss sich jeder Mitarbeiter entscheiden, ob er dennoch uneingeschränkt und loyal zu den Werten steht oder nicht. Es mag spitzfindig klingen: Dem Mitarbeiter ausdrücklich die Möglichkeit einzuräumen, sich gegen die Unternehmenswerte zu stellen, beinhaltet im Umkehrschluss, dass das Unternehmen auch die Möglichkeit nutzt, sich von diesem Mitarbeiter zu trennen.

Wenn wir von Transparenz sprechen, meinen wir auch das unaufgeforderte Erklären von Hintergründen und Zusammenhängen, womit zugleich dem Mitarbeiter vermittelt wird, wo sein Platz auf der Skala von Wert- bzw. Geringschätzung ist. Dies gilt umgekehrt auch für den Mitarbeiter. Wie wenig selbstverständlich dies allerdings ist, macht folgender Gesprächsausschnitt deutlich:

[…]

Klient: Als ich ihn zur Rede gestellt habe, hat er einfach behauptet, ihm seien Skrupel gekommen, und das wäre nicht kompatibel mit seiner inneren Überzeugung. Wenn ich so was schon höre.

Coach: Sie nehmen ihm das irgendwie nicht ab.

Klient: Stimmt! Ich halte das für eine unverschämte Ausrede. Aber, was soll ich machen? Ich kann ihm ja schlecht seine Gefühle absprechen.

Coach: Das sollen Sie auch nicht. Ich gewinne gerade den Eindruck, dass sich Ihr Ärger gar nicht auf seine sogenannten Gewissensbisse bezieht.

Klient: Wieso? (*Denkt nach*) – Stimmt, ich ärgere mich, dass er mich hat hängen lassen.

Coach: Das ist genau der Punkt. Ihr Mitarbeiter hat eigenmächtig eine Regel außer Kraft gesetzt und Sie damit vor den Kopf gestoßen.

Klient: Richtig! Ich nehme ihm übel, mich gegen die Wand laufen zu lassen und sich dann auch noch aus der Verantwortung zu stehlen.

Coach: Sie erleben das als demonstrative Geringschätzung Ihrer Person und deswegen tun Sie sich gerade schwer, darauf angemessen zu reagieren.

Klient: Genau. – Ich überlege mir gerade, was ich gemacht hätte, wenn er zu Beginn, nachdem ich ihm den Auftrag erteilt hatte, gekommen wäre, um mir von seinen Bedenken zu berichten. – Hm. – Ich bin sicher, wir hätten einen Weg gefunden. Vielleicht hätten wir am Projekt etwas ändern können oder ich hätte ihn von der Aufgabe entbunden. Aber in jedem Fall wäre ich fair auf ihn eingegangen.

Coach: Mit anderen Worten, der Mitarbeiter wäre trotz seiner Bedenken in Ihrer Achtung sogar noch gestiegen. So aber ziehen Sie seine Integrität grundsätzlich in Zweifel.

Klient: Stimmt. Und jetzt wird mir auch klar, wie ich diesen Mitarbeiter in seine Schranken weise, aber auch, was alle meine Mitarbeiter lernen müssen: Sie können mir ihre Bedenken vortragen, wie ich auch über Ziele und Regeln mit mir reden lasse. Aber eine Vereinbarung kann nicht einseitig außer Kraft gesetzt werden. Das ist für mich ein Vertrauensbruch.

[…]

Jedes Unternehmen muss auf Erfüllung festgelegter Forderungen bestehen. So betrachtet erweist sich Konformität als für die Zielerreichung notwendig und ist Ausdruck eines Sich-Selbst-Ernst-Nehmens.

Um eben nicht einem Nonkonformismus oder einer Lust-und-Laune-Haltung Tür und Tor zu öffnen, muss jeder – ob Mitarbeiter oder Vorgesetzter – Farbe bekennen, wie er es konkret halten will mit der Umsetzung bestimmter Anforderung. In Analogie zu *Matthäus* 5;37 kann gefordert werden: „Eure Rede sei ja, ja; nein, nein."

Damit ein Ja wirklich gelten kann, muss das Nein ebenso erlaubt sein. Das mag wie eine Binsenwahrheit klingen, wird aber von Mitarbeitern oft ganz und gar nicht so gesehen, weil sie immer wieder erleben, dass ihre Zustimmung bereits vorausgesetzt wurde, ehe sie überhaupt irgendein Detail kennenlernen konnten.

Hier knüpfen wir an das vorangegangene Kapitel an, in dem wir deutlich gemacht hatten, dass der Vertrauensvorschuss essentiell für die Gestaltung von Beziehungen ist. Um im Bild zu bleiben: Das Unternehmen, vertreten durch seine Führungsmannschaft, zahlt auf das Vertrauenskonto der Belegschaft ein. Wo Mitarbeiter erleben, dass ihre Sorgen und Zweifel wie auch ihre Bedenken und Nöte ernst genommen werden, können tragfähige und belastbare Entscheidungen getroffen werden. So betrachtet entsteht und wächst Integrität im gegenseitigen Geben von Wertschätzung.

Bei der Implementierung einer Unternehmensmoral (Nein, nicht Unternehmensethik, siehe Kapitel 2), die nicht nur von innen, also von der Mitarbeiterschaft, sondern auch von außen – von Lieferanten, Kunden, Mitbewerbern, im Ganzen gesehen der Gesellschaft – für stimmig und gelungen gehalten wird, taucht die naheliegende Frage auf: **Wie lässt sich erreichen, von anderen für integer gehalten zu werden?**

Wir hatten ausgeführt, dass Integrität eine Zuschreibung von außen ist und um Erwartungen kreist wie Unbestechlichkeit, Glaubwürdigkeit und Loyalität. Nun ergeben Attribute nur Sinn, wenn sie auf etwas bezogen sind. Wir müssen also fragen: In Bezug worauf legen wir Wert, für glaubwürdig, unbestechlich oder loyal gehalten zu werden?

Das mag banal und selbstverständlich klingen, doch zeigt folgendes Beispiel, wie schnell dabei Missverständnisse entstehen können: Es gilt allgemein als positiv, für zuverlässig gehalten zu werden. Doch was führt im konkreten Einzelfall dazu, dass Kunden ein Unternehmen für zuverlässig halten? Ist es die Liefertreue und das pünktliche Einhalten von Terminen und Zusagen? Oder ist es die gleichbleibende Produktqualität? Oder ist es gar die transparente Preispolitik, die dem Kunden vertrauenswürdig erscheint?

Nun mögen die Erwartungen von Mensch zu Mensch unterschiedlich ausfallen und es ist ein Ding der Unmöglichkeit, jeden einzeln zu befragen, welche konkreten Erwartungen er hinsichtlich Integrität hat. Und doch können wir beobachten, dass sich die Erwartungen im Großen und Ganzen ähneln: Es sind jene Werte, die eine hohe gesellschaftliche Akzeptanz haben, uns grundsätzlich positiv erscheinen und darum (!) in fast allen Unternehmensleitbildern auftauchen. Wenn Sie bei Gelegenheit einmal im Internet surfen und sich die Unternehmenswerte der verschiedensten Firmen anschauen, werden Sie vermutlich allem, was dort geschrieben steht, Ihren Segen geben. Doch deswegen sind diese Unternehmen für Sie noch lange nicht integer. Dieses Attribut vergeben Sie ja nicht aufgrund irgendwelcher Verlautbarungen, sondern weil Sie konkrete Erfahrungen machen oder von den Erfahrungen anderer hören bzw. lesen.

Und diese konkreten Einzelerfahrungen werden gegen die hehren Ansprüche der Unternehmensvision abgeglichen, die gleichzeitig ein Spiegelbild aktueller gesellschaftlicher Werte darstellt. Beispielhaft sei der Begriff der Nachhaltigkeit (Sustainability) erwähnt, der zunehmend Eingang in Unternehmensleitbilder gefunden hat.

Lautet beispielsweise die Unternehmenskultur: „Der Dialog steht bei uns im Vordergrund. Nicht nur mit unseren Kunden, sondern auch untereinander", dann beißt sich das mit der heimlichen Über-

wachung von Mitarbeitern. Oder wenn das Leitbild lautet: „Wir können nur dann nachhaltig erfolgreich sein, wenn wir unsere Verantwortung gegenüber allen Anspruchsgruppen wahrnehmen", dann erscheint die Herstellung von Produkten mit einer Schadstoffbelastung hart an der Grenze zur Gesundheitsgefährdung fragwürdig.

Da Integrität aufgrund von konkreten Einzelhandlungen zu- bzw. abgesprochen wird, bedeutet dies:

> Ein Unternehmen wird nur dann für integer gehalten, wenn es die Unternehmenswerte konsequent bis auf die Ebene des konkreten Handelns umsetzt.

Wir haben im Laufe dieses Buches den Weg von den Unternehmenswerten über die Vision, die Strategien, Ziele und Regeln gezeigt. Dabei wurde deutlich, dass die Arbeit an einer konsistenten Unternehmensmoral nicht nur mühsam ist, sondern auch einen langen Atem benötigt. Hierbei zeigt sich Integrität noch einmal von einer anderen Seite, wenn Außenstehende (Kunden, Lieferanten, aber auch Mitarbeiter) bescheinigen: „Die stellen nicht nur Grundsätze auf, sondern sorgen auch dafür, dass sie wirklich gelebt werden."

Damit zeigt sich Kontrolle, wie wir im vorangegangenen Kapitel besprochen hatten, als notwendig für die gewissenhafte Umsetzung von Unternehmenswerten. Eine Ethikbroschüre ist schnell geschrieben, doch die praktische Umsetzung erfordert einen ganz anderen Einsatz.

Dazu regen wir an, nun den umgekehrten Weg zu beschreiten und beständig zu fragen, wie sich eine konkrete Einzelhandlung zu den übergeordneten Zielen und Werten verhält. Dabei wird sich zeigen, dass mancher aufgrund von Gewohnheiten oder falsch verstandener Ziele entstandene Wildwuchs beseitigt werden muss. Gleichzeitig gibt es allen Beteiligten ein hohes Maß an Sicherheit in Bezug darauf, dass ihr jeweiliges Handeln im wahrsten Sinne des Wortes zielführend ist.

Dieser aufwändige Weg zu einem unternehmerischen Handeln, das andere für integer halten, erscheint uns gerade in Zeiten der Globalisierung und harter Konkurrenzkämpfe aus betriebswirtschaftlicher Sicht vielversprechend. Wo Mitarbeiter eine hohe Loyalität für ihr Unternehmen empfinden, weil sie es für integer halten, reduzieren sich die Kosten für Kontrollmaßnahmen erheblich. Und wo Kunden einen Vertrauensvorschuss leisten, weil sie ihren Lieferanten für integer halten, lassen sich die Kosten für die sogenannte „Kundenpflege" begrenzen. Ganz zu schweigen von den nicht zu beziffernden Belastungen, die entstehen, wenn ein Unternehmen sein Vertrauen verspielt hat.

Am Ende dieses Kapitels wagen wir einen großen Bogen zu *Aurelius Augustinus*, der sich im Johannesbrief ausführlich mit der Bedeutung der Absichten für die Beurteilung des Handelns auseinandersetzt und dort als Quintessenz formuliert: „Dilige, et quod vis fac." Das heißt modern formuliert: Tu, was du willst, solange du in Wertschätzung handelst. Integrität zeigt sich somit in einer wertschätzenden Grundhaltung sich selbst und anderen gegenüber.